T0118766

Jocelyn Benoist est Professeur à l'Université Paris 1 Panthéon-Sorbonne, membre de l'Institut Universitaire de France, Directeur des Archives Husserl à Paris.

# ÉLÉMENTS DE PHILOSOPHIE RÉALISTE

## DANS LA MÊME COLLECTION

BARBARAS R., *La perception. Essai sur le sensible*, 120 pages, 2009.

GODDARD J.-Ch., *Violence et subjectivité. Derrida, Deleuze, Maldiney*, 180 pages, 2008.

LAUGIER S., *Wittgenstein. Les sens de l'usage*, 360 pages, 2009.

MOMENTS PHILOSOPHIQUES

Jocelyn BENOIST

# ÉLÉMENTS DE PHILOSOPHIE RÉALISTE

## Réflexions sur ce que l'on a

PARIS
LIBRAIRIE PHILOSOPHIQUE J. VRIN
6, place de la Sorbonne, V ͤ
2011

© *Librairie Philosophique J. VRIN*, 2011
*Imprimé en France*

ISSN 1968-1178
ISBN 978-2-7116-2350-1

*www.vrin.fr*

# AVANT-PROPOS

*Eso es alcanzar lo más alto,*
*lo que tal vez nos darà el Cielo :*
*no admiraciones ni victorias*
*sino sencillamente ser admitidos*
*como parte de una Realidad innegable,*
*como las piedras y los árboles.*

Jorge Luis Borges

Cet essai constitue l'envers d'un autre publié à l'été 2010, sous le titre *Concepts*[1], qui contenait, pour ainsi dire, les éléments d'une philosophie de l'esprit. Ce petit livre, plus d'un lecteur m'en a fait la remarque, se caractérisait par un arrière-plan encore plus massivement réaliste que les précédents, pourtant déjà en chemin sur la même voie[2]. On a pu y voir un *présupposé* qui, comme tel, n'aurait pas été interrogé, ou en tout cas n'aurait pas décliné toute son identité. Dans l'ouvrage

---

1. Jocelyn Benoist, *Concepts. Introduction à l'analyse*, Paris, Le Cerf, 2010.
2. Jocelyn Benoist, *Les limites de l'intentionalité. Recherches phénoménologiques et analytiques*, Paris, Vrin, 2005 et *Sens et sensibilité. L'intentionalité en contexte*, Paris, Le Cerf, 2009.

en question, notamment, je faisais usage à plusieurs reprises d'une formule qui, dans son caractère intuitif même, peut susciter de légitimes perplexités : je renvoyais à « ce que l'on a », pour l'opposer à la pensée que nous y appliquons.

Ce nouvel essai offre une tentative de cerner plus exactement la nature et les formes de cet « avoir ». Il ne s'agit, certainement, ni de le justifier : l'appréhender comme « avoir », c'est précisément le déceler comme *ce que nous ne justifions pas* parce que, contextuellement, cela n'aurait pas de sens de le justifier ; ni d'en faire la théorie à proprement parler. Nombreuses sont les réalités qui ont leur théorie – et il y a peut-être aussi des théories qui se rapportent à des choses qui ne sont pas des réalités. En revanche, s'il est une intuition cardinale dans les pages que l'on va lire, c'est bien l'idée qu'une théorie de la réalité *en général* – donc qui ne se serait pas ménagé un angle d'attaque dans la réalité même – constitue un projet absurde.

En ce sens, il ne s'agira pas, suivant les distinctions en faveur dans le débat contemporain sur le réalisme, d'une « métaphysique ». Dans sa teneur, certainement, la perspective esquissée ici s'oppose à ce qu'on appelle aujourd'hui « Réalisme métaphysique »[1], que nos analyses dévoileront toujours plus comme la fiction, recelant une forme de contradiction dans les termes, d'un *réalisme acontextuel*. D'un autre côté et surtout, les recherches présentées ici, tout comme dans *Concepts*, n'ont d'autre valeur que méthodique : elles représentent l'apprentissage par l'auteur d'une certaine forme

---

1. Au sens où, par exemple Hilary Putnam peut employer (négativement) ce syntagme. Les réflexions présentées ici entretiennent du reste plus d'une affinité avec sa pensée, au moins dans sa phase « réaliste naturelle ».

d'élucidation du *sens des questions* ayant trait à la « réalité » de tel ou tel genre de choses ou d'êtres ; mais elles n'ambitionnent en aucun cas de constituer pour elle-même une « doctrine de la réalité » (c'est-à-dire de ce que serait ou ne serait pas la réalité en général, ou tel ou tel genre de réalité). La plus grande satisfaction que j'aie pu rencontrer en testant un premier jet de ce livre à Bruxelles est le moment où, à la fin du cycle de conférences, un membre de l'auditoire me dit : « maintenant, je vois comment appliquer votre méthode ». Et en effet, la tâche de l'élucidation en matière de questions « métaphysiques » n'a pas de fin : elle est requise partout où naît un certain type de perplexité, eu égard à la portée *réelle* ou non de ce qu'on pense.

S'il n'est pas, ne peut plus être question ici, de définir l'essence de la réalité, il s'agit en revanche de clarifier la façon dont, en diverses occurrences, nous mettons en œuvre ce concept. À quelles occasions, et comment, parlons-nous de « réalité » ? Quel rôle cette idée joue-t-elle dans nos pensées et nos vies ? Celui-ci, à l'analyse, apparaîtra constitutif. Ce qu'on appelle « réalité » se découvrira ainsi un trait de notre esprit même : ce par rapport à quoi celui-ci, dans ses attitudes et ses contenus, a seulement un sens – c'est-à-dire peut, selon sa vocation propre, en déployer un. C'est dire que notre enquête ne nous fera pas complètement sortir du registre de la philosophie de l'esprit. Cependant, elle affrontera plus directement la question de la priorité sur l'esprit de cela même qu'il a à penser, en tant que constitutive de l'idée même de « pensée ». En ce sens, elle touche le point exact où une philosophie de l'esprit ne peut jamais seulement être une philosophie de l'esprit. C'est là que le concept de « réalité » est nécessaire.

On pourrait dresser la scène de cette discussion de la façon suivante. Il y a lieu, semble-t-il, de distinguer deux types d'attitudes philosophiques : certains philosophes consacrent toute leur énergie à prouver que nous avons ce que nous avons et comment il peut être *possible* pour nous de l'avoir ; d'autres réputent une telle démarche inutile et confuse et pensent que le véritable enjeu de l'analyse conceptuelle – qui est le vrai nom de la philosophie – est de nous aider à comprendre ce que, d'une façon ou d'une autre (et de façons en vérité très diverses) *nous faisons de ce que nous avons*. Je me range dans le second camp – celui, pour faire vite, de l'analyse grammaticale contre la fondation transcendantale. Cependant, cela ne dispense certainement pas d'essayer de cerner, alors, en quel sens nous disons que nous « avons » ce que nous avons. C'est même là une part très importante de l'élucidation conceptuelle. On trouvera, ici, une première esquisse dans ce sens.

Mon « réalisme », s'il faut parler ainsi, est évidemment de provenance wittgensteinienne et austinienne – sans minimiser les différences, importantes, entre ces deux auteurs, y compris en ce qui regarde ce problème. Sur la voie qui m'y a conduit, Jacques Bouveresse, Vincent Descombes, mais aussi, en un sens, Kevin Mulligan – bien que je ne partage nullement sa métaphysique des « vérifacteurs » – ont joué un rôle. Bien sûr, ma position n'a trouvé son point d'équilibre qu'à partir de la rencontre avec Charles Travis (2002-2003), dont le contextualisme a offert la réponse adéquate à ma quête d'un réalisme non métaphysique au sens où on entend d'habitude ce terme. Aujourd'hui, la philosophie de Travis, sur les pas d'Austin et Wittgenstein, me paraît encore constituer le meilleur cadre théorique pour poser la question des rapports entre langage, pensée et réalité, à l'intersection entre philosophie du langage, philosophie de l'esprit et métaphysique [1].

Cependant, il est clair que, dans ma propre élaboration de la question du réalisme, (re-)devenue importante pour moi à partir de 1997, le rôle de déclencheur est revenu au petit ouvrage extrêmement dense et à tonalité de manifeste de Sandra Laugier, *Du réel à l'ordinaire : quelle philosophie du langage aujourd'hui?* (Vrin, 1999). C'est, comme pour beaucoup d'autres, ce texte – ainsi que quelques autres de Sandra – qui m'a fait comprendre la radicalité du réalisme austinien et, plus j'avance, plus je me rends compte de la richesse de suggestion de ces pages, qui abordent à peu près – mais je n'avais pas tous les instruments pour le comprendre d'abord – toutes les questions qui se sont depuis posées à moi. Je ne saurais trop en recommander la lecture à qui veut comprendre quels sont les véritables problèmes – ceux qui valent qu'on y perde son temps – devant lesquels la philosophie se trouve aujourd'hui.

Certainement, des différences subsistent. Dans une conversation récente, Raoul Moati, qui a constitué un interlocuteur constant les dernières années, dans un dialogue où se sont formées et affinées beaucoup des présentes intuitions, s'interrogeait quant au fait de savoir « quand j'avais pris le tournant de l'ordinaire ». Sa question me mit la puce à l'oreille car, somme toute, ce « tournant », je ne suis pas sûr de l'avoir jamais pris, ni de souhaiter vraiment le prendre. Beaucoup de ce que je fais entretient un rapport conceptuel avec la tradition de la philosophie dite du langage ordinaire. Cependant, la

---

1. À ce titre, je renvoie le lecteur au second volume de ses *Collected Papers. Objectivity and the Parochial*, Oxford, Oxford UP, 2011.

détermination de « l'ordinaire », si elle n'en est pas tout à fait absente, n'occupe jamais, dans ma perspective, une position centrale. D'abord parce que, ce qui m'intéresse, une fois encore, c'est ce que nous faisons de ce que nous avons, que cela soit ordinaire ou pas. De ce point de vue, les voies « spéciales » (par exemple scientifiques) du « faire » ne me semblent pas moins intéressantes que celles réputées ordinaires. À vrai dire – jusqu'à un certain point seulement, mais il reviendra à un autre travail d'éclaircir cette limite – elles me paraissent soulever exactement les mêmes problèmes[1]. En un certain sens, qui est celui de l'immanence du « faire » – et des formes de « faire » – l'extraordinaire fait partie de l'ordinaire. Par après, un tel partage – celui entre l'ordinaire et « l'extra-ordinaire » relevé comme tel et mis en exergue – certainement a un sens. Mais je ne suis pas sûr que celui-ci détienne la clé des problèmes que nous allons poser ici. Surtout, je ne voudrais pas que « l'ordinaire » joue le rôle d'un fondement de rechange – celui qui intervient au point de l'impossibilité d'une fonda-tion. Je pense qu'il faut accepter beaucoup plus franchement et sereinement l'absence de fondement – ou l'absence de sens qu'il y aurait à poser la question du fondement entendue comme question *absolue* – et qu'il n'y a pas lieu d'en marquer ainsi la place vide. Mais sans doute, en ce point, faut-il prendre en compte aussi une composante de sensibilité philosophique – ce qui renvoie toujours aussi à l'exposition de la philosophie à la sensibilité en général.

---

1. Il y aurait beaucoup à dire, de ce point de vue, sur le rôle paradigmatique des considérations ayant trait au faire mathématique (*Remarques sur les Fondements des Mathématiques*) dans l'élucidation wittgensteinienne du caractère praxique (je n'ai pas dit : « pratique ») de la pensée en général.

Non sans relation avec ce problème, le volet terminal de la recherche présentée ici, consacré à la question du réalisme social et du caractère social ou non de la réalité – jusqu'à l'évanouissement même de la question, débusquée dans son absurdité – porte la marque de mon dialogue de plus de quinze ans avec Bruno Karsenti, qui m'influence très fortement en ces matières et dont je partage beaucoup des analyses, même si je continue de le soupçonner d'une forme de socio-idéalisme (le genre de petit nom qu'on s'adresse entre amis) qui, en un sens, tout comme l'ordinaire chez Sandra, me paraît représenter comme un vestige de la problématique fondationnelle là où pourtant elle avait apparemment été fermement dépassée. Peut-être faut-il y voir le signe de l'*irréductibilité tout de même* de cette question, là même où ont été déposés tant ses sens ontologique qu'épistémologique ? Sans doute Sandra et Bruno soutiendraient-ils l'un et l'autre, en des sens bien différents et de façon plus ou moins explicite, quelque chose de cet ordre, l'une sur le plan existentiel (ou disons, pour faire vite, moral, car il n'y a aucune raison d'éviter ce terme qu'elle a tant contribué à réhabiliter dans l'espace francophone), l'autre sur le plan politique. Il ne me paraît en tout cas pas complètement absurde de les lire ainsi. En ce qui concerne l'enjeu politique, la voix de Bruno résonne dans la fin de ce livre, comme une objection que je me ferais à moi-même, mais qui, en réalité, est la sienne.

En un certain sens, les questions que peuvent respectivement porter pour moi les voix de ces deux interlocuteurs si proches, pourraient se synthétiser dans une interrogation sur la signification du « on », ce « on » présent dans la formule apparemment vague par laquelle je renvoie à « ce que l'on a ». « Qui » est ce « on » est, peut-être, une question inévitable. En tout cas, l'un et l'autre la tiendraient probablement, chacun à sa façon, pour telle. De mon côté, j'aurais tendance à aller jusqu'au bout de l'usage impersonnel du « on », là où il s'agit de la « réalité », qui à mes yeux est un donné premier, et non un enjeu de constitution – donc ce à partir de quoi et en quoi, quoi et qui que ce soit peut se déterminer ou non comme une personne. Cela ne veut pas dire que la question de la personnalisation ou de l'impersonnalisation du « on » ne se pose pas ; mais elle ne peut, là où le concept de « réalité » est correctement compris, dans son anonymat et, en un sens, son inutilité[1], se poser qu'en aval, et non en amont. Encore une fois, ce qui importe, ce n'est pas la réalité (qui est hors de question, au sens exact où elle *s'identifie à ce qui est hors de question*), mais ce qu'« on » en fait – et, à ce niveau, celui du faire, certainement, se pose la question de savoir *qui est « on »* : ordinaire ou pas, à l'aise dans sa socialité ou non.

Les réflexions que je présente ici se sont développées sur les quatre ou cinq dernières années ; cependant il serait erroné de les croire déconnectées de cette phase antérieure de ma recherche où j'ai pu explorer les voies, historiques et concep-tuelles, d'une phénoménologie réaliste. Les recherches menées aux Archives Husserl avec Jean-François Courtine autour de la théorie de l'intentionalité et de l'école de Brentano, ont été et demeurent pour moi à plus d'un titre décisives. Je voudrais profiter de l'avant-propos de ce petit essai qui flirte avec la métaphysique, sans y entrer encore tout à fait – si je me résous finalement à y pénétrer, ce ne sera du reste pas de la façon dont les métaphysiciens pourraient s'y attendre – pour remercier celui qui fut et reste mon maître en philosophie de tout ce qu'il

---

1. Ce que j'ai appelé ailleurs (*Sens et sensibilité*, *op. cit.*) son « silence » constitutif.

m'a apporté et m'apporte encore, et de la connivence intellectuelle exceptionnelle qui, au fil des années, s'est nouée entre nous aux Archives.

Pour ceux qui parfois me posent ou se posent la question (dont je ne suis pas sûr qu'elle soit en elle-même très intéressante) de savoir dans quelle mesure ce que je fais depuis *Les limites de l'intentionalité* (Vrin, 2005) est encore de la phénoménologie, je me contenterai, sans entrer dans l'analyse qui serait nécessaire – et qui, pour le coup, serait intéressante, même si elle n'a, à mes yeux, aucun caractère prioritaire – du concept de «phénoménologie», d'attirer leur attention sur le fait que je tire ce concept d'«avoir», ici au cœur de mes interrogations, de la lecture déjà ancienne d'Hedwig Conrad-Martius et du dernier Scheler. En d'autres termes, la phénoménologie n'est peut-être pas ce qu'ils la croient être. Ou : elle ne l'est pas toute. Ou : si elle l'est, au sens où elle l'est devenue, il n'y avait peut-être pas une nécessité absolue à ce qu'elle le soit. Certainement, tout un travail est à faire pour rendre sa diversité au concept de «phénoménologie».

De ce point de vue, je renverrai à l'enquête actuellement ouverte par Jean-François Lavigne, dont la recherche personnelle, bien que partant de présupposés et allant vers des objectifs très différents des miens, n'est pas sans, parfois, en chemin, croiser mes préoccupations. Je suis avec le plus grand intérêt ses tentatives de définir les conditions, historiques et conceptuelles, d'une phénoménologie réaliste – y compris dans le déplacement de problématique qu'il tente, parfaitement pertinent : du terrain cognitif à celui affectif.

La question de la phénoménologie au sens historique du terme, n'est cependant pas l'objet du présent essai, dont le propos n'est pas de défendre ou d'illustrer une tradition, mais de faire progresser un petit peu, avec les outils qui sont ceux de la philosophie d'aujourd'hui, notre compréhension du concept de « réalité ».

J'ai eu l'occasion, ces dernières années, de présenter oralement certaines de ces analyses et ainsi de les tester et les améliorer autant que je le pouvais. Je remercie ceux qui m'ont donné cette chance, notamment Mitsuhiro Okada, Sofia Miguens et Charles Travis, l'équipe de philosophie de l'Université de Liège (Arnaud Dewalque, Bruno Leclerc et Denis Séron), Tommaso Tuppini, James Conant, Vincent Gérard, Francis Wolff. Une partie importante de ce texte a également constitué la matière d'une série de leçons aux Facultés Universitaires Saint-Louis à Bruxelles, données sur une chaire de recherche à l'invitation de Laurent Van Eynde. Je dois remercier ici les chercheurs des FUSL et de l'Université de Louvain présents de la qualité, humaine et intellectuelle, de leur accueil. Les discussions, d'un niveau exceptionnel, m'ont guidé dans la phase de correction. Ainsi l'appendice sur la politique, à la fin du livre, tente de répondre tant aux objections de mon ami Bruno Karsenti qu'à des questions fondamentales posées par ce public.

Pour terminer, il me reste à remercier une fois de plus ma collègue et amie Gianna Gigliotti, à Rome, à l'hospitalité de laquelle je dois d'avoir pu cette fois commencer ce livre dans la ville que j'aime.

Rome, août 2010
Paris, février 2011

# CHAPITRE PREMIER

# LA REPRÉSENTATION

Sans doute un des lieux communs de l'épistémologie moderne a-t-il été et demeure-t-il que nous n'avons jamais accès aux choses qu'à travers leur représentation. Au-delà même du domaine proprement philosophique, il ne sera pas rare de rencontrer ce genre d'assertions au début d'exposés de sciences cognitives, introduites sur le ton de l'évidence.

En vérité une telle affirmation soulève déjà une difficulté de principe : car « les choses » sont-elles tout uniment telles qu'il soit sensé d'en dire que nous y avons « accès » ou non ? La métaphore de l'accès suppose qu'il y ait un chemin à parcourir pour aller jusqu'aux choses. Or, souvent, il est plutôt vrai qu'elles viennent à nous. Et encore ce retournement de la métaphore en partage-t-il les limites. Il suppose encore en effet un chemin parcouru, là où il n'y en a, en règle générale, aucun. Car, à la base, il est plutôt vrai que *nous avons les choses*, au sens où elles sont tout simplement là, à charge pour nous d'en faire quelque chose.

Bien sûr, il y a des cas où la question de l'accès réellement se pose ; certaines choses sont lointaines ou cachées et il y a un chemin à franchir, en un sens en un autre, un effort à fournir, pour les rejoindre. Cependant, où ce chemin s'effectuerait-il, alors, si ce n'est à même des choses avec lesquelles nous sommes en contact, et par rapport auxquelles la question de l'accès ne se pose pas ? C'est au beau milieu des choses, dans notre adhérence à elles, que l'idée ordinaire de se frayer un accès à certaines choses distinguées nous renvoie.

Tel n'est pas pourtant l'usage de la notion d'accès que l'on trouve à l'œuvre dans le représentationalisme moderne. Tout se passe comme si les représentations constituaient, *en général*, une sorte de tampon qui tiendrait les choses à distance de notre esprit. On ne peut avoir accès aux choses, dit-on, qu'au moyen de représentations. Et on entend par là : *à travers* des représentations. Peu importe alors que sous ce mot on place les « contenus internes » de ce qu'on appelle une conscience individuelle, ou bien ceux d'un « schème conceptuel » qui constituerait une forme d'esprit collectif. Certes il n'est pas incident que cet usage général du mot « représentation » trouve initialement ses racines dans l'internalisme moderne, qui semble du reste avoir de beaux jours devant lui, ravivé qu'il a été à la fin du xxe siècle par une certaine façon, dominante, de faire des sciences cognitives. Cependant ce qui importe, quoi qu'il en soit du caractère « interne » ou non du milieu représentationnel, si tant est que la notion d'intériorité employée de cette façon, *épistémologique*, ait un sens, c'est que les représentations forment comme un écran entre nous et les choses. La thèse fondamentale, c'est que nous ne nouons de relation avec les choses qu'en tant que celles-ci sont *représentées*.

D'où un premier doute : celui suivant lequel les choses représentées et les choses feraient deux. Loin que se représenter les choses constitue une (la ?) façon de se mettre en rapport avec elles – en admettant, une fois de plus, qu'il y ait forcément lieu pour une telle *mise en relation* – ce serait en définitive avec les *choses représentées* et non les choses que les représentations nous mettraient en rapport.

Il en résulte bientôt un second doute : que, peut-être, au-delà de ces « choses représentées », il n'y a finalement pas du tout de « choses », c'est-à-dire quoi que ce soit à quoi cela aurait un sens de se référer en ces termes.

Il convient de préciser cette affirmation, qui est en elle-même équivoque. Elle pourrait en effet signifier que la « chose représentée », c'est, en général (pour peu que nous fassions un usage correct de nos représentations), la chose même. Prise ainsi, cette affirmation a de bonnes chances d'être vraie : n'est-ce pas, en effet, exactement ce que veut dire la notion de « représentation » dans l'un de ses emplois, qui, pour ne pas être exclusif, n'en est pas moins essentiel ? Cependant, l'entendre ainsi, c'est déjà s'inscrire en faux par rapport au dispositif représentationaliste tel que nous venons de l'évoquer – celui pour lequel les représentations, en un certain sens, font *écran* entre l'esprit et les choses. Aussi n'est-ce pas ainsi, en règle générale, que l'entendent les représentationalistes (post-) modernes. Communément, affirmer que, au-delà des « choses représentées », il n'y a pas du tout de « choses », revient plutôt, purement et simplement, à rejeter *l'idée même de « chose même »*. La perspective défendue, c'est alors que nous n'avons jamais affaire qu'à des représentations et que l'idée de « chose » est à reverser au compte des mythes philosophiques. Cette « chose » qui dépasserait les représentations ou en tout cas ne se réduirait pas à elles, ne serait, en fin de compte, qu'une représentation de plus, et une dont on nous invite à nous débarrasser comme de notre dernière illusion.

Tel est le principe de ce qu'on pourrait appeler anti-réalisme (post-)moderne.

Celui-ci repose sur une certaine mise en jeu de la notion de « représentations ». Ces dernières seraient censées nous séparer des choses au point qu'à la fin peut-être nous les ayons perdues et qu'il n'y ait même plus lieu de parler de « choses ». En d'autres termes, la référence aux représentations aurait, de ce point de vue, un effet *déréalisant*.

Cette affirmation, cependant, est étrange car après tout il n'y a là rien qui serait suggéré par l'usage commun de la notion de « représentation ». De celui-ci on peut en tout cas inférer qu'une autre entente de la notion est possible. C'est ce que nous voudrions mettre en évidence dans ce chapitre.

Qu'appelons-nous, ordinairement, « représentation » ?

Par exemple, lorsqu'on visite le studio de Frank Lloyd Wright à Oak Park, l'étudiante en architecture qui guide le tour insiste sur le fait que tel ou tel meuble n'est pas l'original, mais « est une représentation ». Que veut-elle dire ? Tout simplement qu'il ne s'agit pas du *meuble même* qu'il y avait dans la pièce à l'époque où Wright y vivait, mais d'une reproduction. La guide fait donc la différence entre la chose même et sa représentation.

À vrai dire, en l'espèce, le principe de cette différence peut ne pas s'imposer avec toute l'évidence requise. Car, après tout, pourrait-on être tenté de dire, *qu'importe* qu'il s'agisse bien de « l'original », si la reproduction est exacte ? Encore est-il possible d'accorder que l'époque du meuble, ou le fait qu'il soit bien de Wright, comptent. Sinon, on devrait admettre les faux en peinture et on ne voit pas pourquoi on se presserait dans les musées pour voir les vrais. Cependant il se trouve que, dans le cas du studio de Wright, les deux exigences sont souvent remplies. Alors pourquoi cette obsession de la « chose même » ? La ressemblance extrême et la paternité commune de l'objet ne suffisent-ils pas à le qualifier comme étant « la même chose » ? Bien sûr, ici le raisonnement est infléchi par le fait qu'il s'agit d'architecture et d'aménagement intérieur. Celui-ci étant globalement respecté, est-il si important que chaque meuble soit exactement le meuble original ? À adopter ce genre de vues, les cathédrales gothiques – qu'on n'avait pas encore fini de construire qu'on était déjà en train de les reconstruire – n'auraient pas d'identité, et que dire de ces temples japonais en bois dont pas une planche n'est « l'originale » ? Dans le dernier cas, la notion d'« original » n'aurait même pas de sens : *les choses n'ont pas été faites pour cela.*

Néanmoins, quoi qu'il faille penser par ailleurs de la manie antiquaire de l'occident (post-)moderne qui nous fait nous demander si la coiffeuse dans cette pièce était bien celle de Madame Wright, le fait est qu'en effet, lorsque nous visitons le studio de Frank Lloyd Wright, ce genre d'interrogations fait bien partie des questions que nous nous posons. Nous ne visitons pas le lieu où Wright a vécu et travaillé seulement pour admirer la beauté de la création, architecturale et décorative, de Wright mais aussi pour trouver là une trace du génie, entrer en une forme de contact biographique avec lui. D'où l'importance de nous préciser que, dans certains cas, il ne s'agit pas de la chose même, mais d'une représentation.

Donc, ce qui, d'un certain point de vue, peut compter comme le même – et donc être tenu pour la chose même – peut, d'un autre point de vue, ne plus le faire et devenir représentation. L'ipséité de ce que nous appelons « chose même » a un caractère perspectival. À vrai dire, face à toute donnée, lorsque nous commençons à poser un problème, la question fondamentale est de savoir ce que nous comptons comme le même ou non.

Corrélativement, là où il y a représentation, il importe de savoir de quelle mêmeté elle est une représentation. Lorsque la guide dit : « il s'agit d'une représentation », elle veut dire : *une représentation de l'original*, et ce qu'elle entend par là, c'est une représentation de l'original en tant que l'original, cet objet singulier (en l'occurrence perdu, absent) qu'il est. S'il s'agissait de se demander si cette reconstitution dans un musée est une bonne représentation du salon des Wright autour de 1900, la question serait très différente : il s'agirait de savoir si l'image ainsi donnée est exacte, et ce qui compterait, ce serait la ressemblance, non l'identité : comment était ledit salon, et non le salon même. Au contraire, ce à quoi réfère la représentation ici, dans le studio de Wright, qui est un musée mais aussi un lieu de souvenir, c'est à cette identité même, qu'elle n'est pas, mais dont elle tient lieu.

Il y a donc des cas où un objet fort semblable à un autre, et, d'un certain point de vue, interchangeable avec lui, peut en être une représentation, et la frontière entre représentation et identité paraît fondamentalement relative : ce qui pourrait, sous certaines conditions, être tenu pour la réalité de la chose même, en devient, sous d'autres, la représentation.

Mais après tout, à supposer que l'ensemble des meubles et aménagements originaux du studio de Wright aient été préservés et que ce soit ceux-ci qui, aujourd'hui, soient exposés, n'aurait-on pas affaire encore à une « représentation » de ce studio ? Un objet ne peut-il, sous certaines conditions, être lui-même sa propre représentation ?

Sans doute, normalement, ne s'exprimerait-on pas tout à fait ainsi : il s'agirait alors, tout simplement, du studio de Wright, et on dirait que le studio de Wright a été *conservé* plutôt que représenté. Évidemment, comme toute conservation, à l'examen, celle-ci se découvrirait probablement plutôt de l'ordre de la reconstitution : il aurait bien fallu rapatrier quelque pièce égarée ou remettre les meubles dans leur ordre initial telle que la documentation aurait permis de l'établir, afin de retrouver « le studio de Frank Lloyd Wright ». Cependant, lorsqu'un enfant range sa chambre ou même y reporte les objets qu'il a dispersés dans tout l'appartement, le résultat de cette remise en ordre est sa chambre, et non une représentation de sa chambre.

Ce qui ferait pencher dans le sens de la représentation, ou tout au moins de quelque chose d'analogue à la représentation, dans le cas de la reconstitution, voire de la simple conservation historique (si une telle chose existe), c'est précisément l'intention de reproduire ou de maintenir les choses telles qu'elles étaient, le fait tout au moins que c'est là ce qu'on essaie de faire. Le coût de la mise en scène est très variable. Il peut se réduire – action négative – au simple évitement de tout changement. Il n'en reste pas moins que, même dans ce cas, il y a mise en scène et, en ce sens, il y a bien quelque chose comme une représentation – quelque chose qui, en tout cas, nous renseigne sur l'essence de la représentation. Si des êtres humains avaient continué à vivre dans le salon des Wright, comme c'est la vocation de ce qu'on appelle « salon » tant qu'il s'agit d'un salon au sens propre du terme (et non d'une représentation de salon), alors, inévitablement, ils y auraient apporté des changements. Si les Wright eux-mêmes avaient continué d'y vivre, cette chaise, sous l'usure, se serait cassée, ils auraient accroché là un autre bibelot, etc. La simple conservation même est donc déjà une mise à distance. Par elle se creuse cette distance qu'il y a entre le studio réel, c'est-à-dire réel en tant que studio, et le studio représenté, c'est-à-dire cet espace réel qui était un studio, mais n'en est plus un, mais une représentation de studio.

On pourrait cependant encore faire varier les conditions de la représentation. Si en effet, ce qu'on veut représenter, c'est une architecture comme telle, peut-on réellement la séparer de sa fonction, et la meilleure solution n'est-elle pas de la présenter habitée, donc telle qu'elle était pour les Wright ? On pourrait imaginer qu'on peuple la maison d'acteurs jouant les Wright. On peut aussi imaginer plus simplement qu'on y installe de purs et simples habitants, dont la vie serait donnée en spectacle comme dans certaines téléréalités, mais comme constituant une image de celle des Wright. Ou même, à la limite, on pourrait se placer dans l'hypothèse, proche de la téléréalité, où les Wright, de leur vivant, ouvriraient leur demeure à heures fixes, pour donner une image de ce que peut être la vie dans la maison telle que l'a conçue Frank Lloyd.

S'agirait-il alors encore de « représentation » ? La maison de Wright occupée par d'autres que lui, est-ce une représentation de la maison de Wright ? Pas nécessairement. Dans le cas simple, c'est la maison de Wright après Wright. Et la maison de Wright occupée par Wright, ce n'est, dans le cas général, certainement pas une représentation de la maison de Wright, mais cette maison même. Si Wright m'invite chez lui, il me donne à voir sa maison, et non une représentation de sa maison.

Cependant, l'expérience semble changer de nature si ce spectacle est organisé comme tel et est censé avoir valeur d'échantillon : précisément être représentatif de ce qu'est la vie de Wright en général, ou à certaines occasions définies, dans cette maison. Alors, il semble qu'il soit légitime de parler de « représentation », tout confrontés à la réalité de la chose même que nous soyons.

Il semble qu'il soit toujours possible, ainsi, d'instituer une chose en *échantillon d'elle-même*. En règle générale, cela ne signifie pas, cependant, que la chose en question soit par elle-même un échantillon. La valeur de l'échantillon, comme d'ailleurs de toute « représentation », c'est précisément de représenter la chose même, c'est-à-dire la chose comme chose, non comme échantillon. Tout au plus cette représentation, dans le cas de l'échantillonnage, prend-elle une valeur plus forte : puisque celle d'une *présentation*, et non d'une simple représentation. En un certain sens, c'est « la chose même » qui ici joue temporairement le rôle de représentation d'elle-même. Cela ne veut en aucun cas dire qu'elle soit devenue elle-même représentation au sens de : *simplement* représentation (et non « chose même »).

L'important est que, en un certain sens, y compris dans ce cas où représentation et présentation se touchent et où, localement, c'est la chose qui tient lieu pour elle-même de représentation, un *écart logique* subsiste, constitutif de la représentation. Dans la situation qu'on pourrait qualifier d'échantillonnage radical, la fonction naturelle de la chose n'est pas altérée, et il n'y a pas de différence de teneur entre la chose et sa représentation – ce n'est pas des acteurs jouant les Wright, mais les Wright que nous avons devant nous. Cependant, il n'en reste pas moins que cela n'aurait pas de sens de dire que l'ensemble de la vie des Wright dans cette maison est une représentation de la vie des Wright dans cette maison. Ce qui en est une représentation, c'est par exemple une portion de cette vie, en tant qu'elle devient représentative de cette vie en général, ou de certaines occurrences de cette vie. La sélection d'une séquence tient alors lieu de construction de la représentation.

Quelles que soient les capacités des choses à jouer, *sous certaines conditions*, le rôle de leurs propres représentations, la distance ne s'annule jamais complètement entre la chose et sa représentation. Il n'y a pas de représentation qui ne se marque pas par un écart. Celui-ci peut certes se marquer par une altération des fonctions primordiales des choses qui les fait basculer dans un « ordre représentatif » (celui du musée, de la théâtralité, etc.) distinct de ce qu'on serait tenté d'appeler « l'ordre réel » – tout ancré dans la réalité et un certains nombres de dispositifs réels soit ledit « ordre représentatif » lui-même. Cependant il n'en est pas besoin : là même où c'est la « chose même » qui fait office de sa propre représentation, en tant que prélevée sur ce que nous avons appelé « ordre réel », on trouve encore une *différence statutaire* entre la chose comme représentation (d'elle-même) et cette même chose comme cette simple chose qu'elle est.

Ce que cet écart suppose, intrinsèque à la notion de représentation entendue en ce sens commun, c'est un *sens de l'être qui n'est pas représentationnel*. Il n'y a pas de représentation qui ne renvoie pas en un sens ou en un autre à un simple être des choses, qui est ce qui est « représenté ». Certes, c'est, en un certain sens, la représentation qui définit le format de cet être. On peut par exemple vouloir représenter les objets mêmes qu'il y avait dans le salon de Wright, dans leur identité insubstituable, ou bien représenter l'aspect général qui était celui de la pièce. Le grain et l'intention des représentations est chose fort variable. Cependant, chaque représentation, selon son projet et son style propres, fait toujours fond sur un certain *sens de la chose même* qui est supposée donnée, supposée exister ou avoir existé quelque part, et que la représentation, loin de créer, sollicite. Qu'est-ce que la représentation, en effet, en ce sens-là, si ce n'est l'invocation, selon une visée ou une autre, de la chose même (celle-ci même fût-elle éventuellement convoquée à témoigner d'elle-même), c'est-à-dire de la chose telle qu'elle est dans sa différence avec toute « représentation d'elle » ? Il n'est pas de représentation, en ce sens, qui ne porte en elle la priorité de son « original », quel que soit le format d'originarité auquel elle adosse sa définition.

On peut penser ici à la réponse de Louis Viardot à Tourgueniev : « À propos, pourquoi dites-vous que vous avez vu à Gênes l'original de mon Ribera ? Mon Ribera n'a point d'original car il est l'original lui-même et vous en êtes un autre d'avoir pu lui en trouver un ». Quelque chose ne peut pas être à la fois l'original et en avoir un au sens même où il l'est.

Il n'est bien sûr pas exclu que cet original soit lui-même de nature représentationnelle : il y a des représentations de représentations. Cela n'ôte rien, cependant à son originarité dans l'ordre propre où celle-ci a un sens. En tant que représentations, les représentations ne sont pas représentées mais *sont tout juste ce qu'elles sont* : des représentations, qui, comme tout autre genre de choses, *peuvent* à leur tour être représentées.

Reste qu'il paraît essentiel à l'être de certaines choses d'être représentées. Une émission de télévision n'est une émission de télévision que là où elle est filmée, et, en définitive, diffusée – en tout cas, elle est faite pour cela. Même dans un tel cas, cependant, l'être complet de la chose, qui comprend cette mise en œuvre d'un dispositif représentatif qui peut alors lui être réputée essentielle, n'a, comme tel, rien de représentationnel. Dire en effet qu'il est essentiel à un certain type de chose d'être représentée, c'est précisément inscrire cette exigence de représentation dans l'être de la chose, son simple *être ce qu'elle est* – être qu'invoque la représentation mais qui n'a lui-même rien d'une représentation. En insistant, correctement bien que souvent selon une généralisation excessive, sur la puissance de détermination ontologique de la représentation, qui peut avoir des effets sur la nature des objets et s'avérer, dans son ordre propre, créatrice d'objets, la pensée postmoderne s'est ainsi souvent enlisée dans une forme de contradiction en voulant inférer de cette efficacité ontologique une forme d'effacement de l'être lui-même, qui se *réduirait donc*, en général, à sa représentation. Or une telle efficacité ontologique de la représentation, là où elle doit être reconnue, loin de l'annuler, suppose le caractère fondamentalement non représentationnel de l'être, qui, tout représenté qu'il puisse être et d'une façon qui lui est parfois essentielle, n'en est pas moins, et que plus, « être réel », et non « simple être représenté ».

L'idée est simple : *être Sherlock Holmes et jouer Sherlock Holmes, ce n'est pas la même chose*. Cela même s'il peut arriver que Sherlock Holmes joue Sherlock Holmes ; et même si, en un autre sens, il peut être essentiel à Sherlock Holmes, qui est un poseur, de jouer Sherlock Holmes. En fait, de telles formules supposent précisément qu'être tout court ce ne soit pas « seulement » être représenté. Ce qui rend remarquable de tels cas particuliers – il est fondamental qu'ils le restent – c'est en effet le passage de l'être représenté dans l'être tout court, le fait que l'être représenté ici ait pour résultat ce qui n'est pas une simple représentation d'être, mais bel et bien tout simplement ce qu'on appelle de l'être : de la *réalité*.

Loin donc que la « représentation » entendue au sens ordinaire du terme constitue en quoi que ce soit un opérateur d'échappement au réel, il semble qu'elle en appelle essentiellement à l'ipséité de celui-ci. Ce qu'on nomme habituellement « représentation » intervient sur le fond même de la réalité, et s'articule en référence à elle. Il y a là un trait de ce qu'on pourrait appeler la grammaire usuelle de la représentation.

Cependant, on peut soupçonner que cette inscription de la notion de « représentation » dans un cadre fondamentalement « réaliste » soit un effet du genre de cas que nous avons considéré : celui où la représentation revêt le visage d'une chose.

Car après tout, est-il vrai que toute représentation soit ainsi en extériorité, au sens où la commode posée là « représente » le meuble original ?

Une certaine tradition philosophique moderne, dont la postmodernité n'est jamais que l'héritière ingrate, et qui a diffusé loin en dehors des frontières de la philosophie, en définissant également le format de bon nombre des recherches scientifiques contemporaines ayant trait à l'esprit, parle de « représentations mentales ». Suivant une certaine conception de l'esprit et de ses rapports avec le monde, caractéristique de cette tradition, de telles représentations ne se trouvent pas dans le monde, mais « dans l'esprit », entendu comme séparé du monde et constituant un domaine en lui-même (un empire dans un empire).

Mon propos ne sera pas ici de discuter les mérites ou les limites de cette conception – la seule question pertinente, de ce point de vue, étant de savoir si ses partisans sont réellement parvenus à développer de façon cohérente l'usage ainsi introduit de la notion de « représentation ». Je voudrais seulement suggérer qu'un tel usage, tant en tout cas qu'on attend de lui des bénéfices analogues à ceux rendus par l'usage externalisant de la notion, c'est-à-dire celui qui suppose que le représentant soit lui-même objet potentiellement livré à notre regard, demeure dans un certain lien essentiel avec un tel modèle. Bien sûr, on peut entendre toutes sortes de choses par « représentation mentale » ; mais, si on entend quelque chose qui a des vertus analogues à ce que nous appelons ordinairement « représentations » dans le monde, c'est-à-dire qui, tout comme elles, « représente » des objets, y renvoie sous telle ou telle perspective, comme tels ou tels, alors cela doit, *logiquement*, entretenir un rapport avec de telles représentations.

Voici dès lors comment il faudrait voir les choses. Les « représentations mentales » au sens du mentalisme moderne, qui fait de l'esprit une intériorité séparée, ne sont rien d'extérieur. Cependant, ce qui permet de les qualifier de « représentations » en un certain sens du terme (il est bien clair qu'il y en a d'autres), c'est la possibilité de les exprimer par des dispositifs représentatifs effectifs. Il est certainement difficile de dire que mon idée « tienne lieu » de l'objet. En revanche, la façon qu'elle a de constituer une vue sur l'objet est exactement ce qui peut donner lieu à la mise en place d'une « représentation » extérieure, ou ce qui est mis en jeu dans une telle « représentation ».

Il a été dit qu'il n'y a pas de « représentation » d'un objet par un autre indépendamment d'un certain point de vue, d'un certain format, de ce que nous avons appelé une « intention » représentative. Il est tentant d'identifier une telle « intention » qui détermine la nature de notre prise sur le représenté, précisément à ce que nous venons d'appeler « représentation mentale ». N'est-ce pas, serait-on tenté de dire, en fonction de nos « représentations » (mentales) des objets que nous les « représentons » (extérieurement) d'une façon ou d'une autre ?

Il y a cependant quelque chose d'égarant dans une telle inférence qui, de la représentation extérieure, nous fait remonter à la représentation mentale. En effet, c'est oublier que « l'intention représentative » dont nous avons parlé (celle qui investit la *représentation extérieure*, selon le sens originaire du mot « représentation »), comme celle de l'artiste, est essentiellement liée aux matériaux dont elle dispose, ou qu'elle requiert : elle est toujours intention de représenter une certaine chose *avec telles ou telles choses*. S'il est correct d'interpréter la « représentation mentale » comme l'intention représentative qui confère son sens précis à la représentation extérieure (ce qui n'est pas sûr du tout), alors ce qui se présentait d'abord comme une *remontée* doit donc tout aussi bien être une descente, et lie intrinsèquement la représentation mentale avec la représentation extérieure, puisque, en tant qu'« intention » de celle-ci, elle ne peut faire abstraction de ses conditions d'effectuation.

L'idée est simple : c'est que, en un certain sens, fort, parce que conservant l'exigence « représentationnelle » de la notion, nous n'avons jamais que les « représentations mentales » de nos *projets représentationnels*, à savoir de nos projets de représentations réelles. En tout cas, la grammaire des « représentations mentales » en tant que « représentationnelles » ne peut qu'être très étroitement associée à celle des représentations réelles. Un être qui représente, c'est un être qui est capable de fabriquer, en extériorité, des représentations.

C'est dire aussi que la « représentation mentale » est caractérisée, à un autre niveau mais également, par tout un ensemble de ces déterminations mêmes qui sont celles de la représentation « réelle », et notamment, au premier chef, par le même fondamental ancrage dans la réalité que nous avons mis en évidence. Il n'y a pas de représentation mentale en ce sens en lequel les représentations mentales *représentent quelque chose*, qui ne repose sur un fond de réalité qui est là, fond sur et dans lequel il est possible de représenter quelque chose. Cette réalité que suppose la représentation mentale est celle-là même au sein de laquelle il serait possible de mettre en place un dispositif représentationnel effectif et qui serait la condition d'un tel dispositif (en tout cas de celui-ci ou un autre exprimant la représentation en question). En effet, si la représentation mentale est une représentation au sens où les représentations extériorisées le sont, elle est soumise, dans sa représentativité au moins, aux mêmes conditions que ces dernières.

Les « représentations mentales », quel que soit, par ailleurs, le sens qu'il faille accorder à cette notion, s'il faut lui en accorder un, ne constituent donc pas, en elles-mêmes, une objection sérieuse à la *présupposition de réalité* que nous avons mise en évidence à la base de la notion de « représentation » utilisée d'une certaine façon. Leur capacité représentative ne dépend pas moins d'un enracinement premier, déterminé, dans la réalité que celle des représentations extérieures correspondantes dans lesquelles elles s'exprimeraient. Tant « représenter » quoi que ce soit est une chose qui ne peut se faire que depuis et dans une certaine situation. Ceci vaut de « se représenter » (« avoir la représentation de ») tout autant que de « représenter » (au sens de : « construire une représentation de »).

Cependant, demandera-t-on, suivant la pente traditionnelle de la philosophie moderne, si la représentation suppose toujours la réalité comme son propre sol (qui est aussi celui des attitudes mentales en général), a-t-elle toujours la réalité comme objet ?

Nous sommes partis du modèle de la représentation d'une réalité par une autre réalité. La première réalité alors, souvent, est perdue ou absente, sinon il est difficile de voir pourquoi on la représenterait. Cependant, il n'y a là aucune nécessité *a priori*. Il existe certainement des cas où la représentation cohabite avec la chose même, sans même parler de ceux, particuliers, où la chose même, sous certaines conditions bien définies, peut dans une certaine mesure devenir sa propre représentation. Et de toute façon, toute absente qu'elle soit, éventuellement disparue (réalité passée), c'est bien *en tant que réalité et dans sa réalité* que la chose, alors, est visée. Cette réalité est tout à la fois ce à quoi se réfère la représentation et en même temps, de façon variable, suivant l'intention représentative mise en œuvre, ce qui en définit la norme.

N'y a-t-il pas cependant des cas où la chose visée, et visée comme réelle, n'est qu'une illusion ? Supposons que le conservateur responsable du musée Wright pense, sur la base d'une interprétation erronée de certains documents, que, dans cet angle, dans la maison de Wright, il y avait une coiffeuse. Dans l'impossibilité de retrouver un objet qui, en réalité, n'a jamais existé, il place donc une coiffeuse dans le style de Wright, voire de Wright lui-même, à cet endroit.

Ce n'est pas, bien sûr, parce qu'on représente les choses d'une certaine façon qu'elles ont jamais été de cette façon. S'il est définitionnel de la représentation, dans un certain usage de ce terme, de prétendre cerner la réalité en un sens ou un autre, il faut aussi essentiellement faire droit à la possibilité qu'elle la manque.

Son échec est alors strictement mesuré par l'intention représentative qui était la sienne. Une représentation peut nous paraître plus ou moins bonne, par rapport à certaines attentes qui, contextuellement, peuvent être les nôtres. Elle ne devient cependant incorrecte que par rapport à son propre standard, que là où elle échoue à représenter ce qu'elle prétend représenter.

Par exemple, il n'est nullement besoin qu'une représentation ressemble à son objet – et encore, là où une telle « ressemblance » est requise, faut-il, à chaque fois, s'entendre sur ce qu'elle signifie, sur le type et le degré de ressemblance que réclame la représentation. Il peut arriver que pour représenter un objet nous utilisions quelque *dummy* indifférent au contenu et à la nature de l'objet. Alors, ce que représente le *dummy*, c'est juste que ledit objet se trouvait là, ou, suivant le format de représentation mis en jeu, éventuellement plutôt «l'objet en question en tant que se trouvant là». Cela n'empêche pas une telle représentation, sans doute insatisfaisante pour bien des usages, d'être correcte, si l'objet que l'on désire ainsi représenter se trouvait bien à la place en question : seule l'intention propre à cette représentation, en effet, fait norme ici. C'est elle qui définit, suivant sa teneur propre, les conditions de la correction et de l'incorrection.

Maintenant, la question est de savoir si le cas des représentations incorrectes, c'est-à-dire telles que leur intention représentative, quelle qu'elle soit, ne soit pas satisfaite, renvoie à la pure et simple rupture du *lien référentiel* qui, dans l'entente que nous en avons développée, semblait essentiel à la représentation. Est-ce que l'absence d'un objet satisfaisant les conditions requises par la représentation signifie qu'il faille dire d'une telle représentation qu'elle serait « sans objet » ?

Quelle que soit l'apparence du manque possible d'objet, il semble pourtant que, si on veut conserver son sens à l'emploi en cause de la notion de «représentation», ce ne puisse être le cas. Représenter en ce sens-là, c'est en effet toujours représenter quelque chose, et nous entendons par là quelque chose de réel, dont la réalité est présupposée par la représentation. Cette chose est, de façon correspondante, ce que la représentation peut échouer à représenter. Mais elle est aussi alors ce en référence à quoi la représentation continue de se caractériser, comme représentation de cette chose. C'est cette référence et elle seule qui mesure en effet l'échec de la représentation en question. Le mauvais portrait de Hegel qui rend Hegel méconnaissable n'en demeure pas moins en un certain sens un portrait de Hegel : c'est en tant que portrait de Hegel qu'il est mauvais au point d'échouer. Ce qui veut dire que, dans cette caractérisation – et cette évaluation – il suppose la référence à

Hegel *réalisée* : qu'il y ait réellement un Hegel et que ce soit en relation à ce Hegel qu'il soit à penser.

Cependant dira-t-on, cette conception convient assez bien là où il s'agit de penser les conditions sous lesquelles quelque chose est représenté comme tel ou tel. Dans ce cas, on peut supposer que la référence est réalisée de toute façon, et fondamentale pour définir la représentation à laquelle on a affaire ; en revanche, ce qui est exact ou non, c'est l'état dans lequel la représentation représente cette chose. Mais comment appliquer ce modèle au cas où on ne peut pas dire que la représentation représente ce qu'elle représente de façon erronée, mais où l'erreur semble, si l'on peut dire, résider *dans le fait de représenter* ? Si, par exemple, dans une reconstitution policière de scène de crime, je place un objet quelconque quelque part pour marquer qu'il y avait un objet là (mais je ne sais pas lequel), mais en fait il n'y avait rien là. Il serait alors tentant de dire que je crois représenter, mais qu'en fait je ne représente rien.

Pourtant n'est-ce pas encore ici une certaine réalité qu'on représente, une certaine réalité dans un certain état ? Et en effet, par exemple, en déposant un objet ici, je renvoie à ce même emplacement où je le place, en tant que précédemment occupé par un autre objet. L'erreur quant à l'existence de l'objet en question ne renvoie pas le représenté au compte de la pure et simple irréalité, car c'est la réalité et même plus : une réalité bien précise, qui est « mal représentée » par la position d'un tel objet. L'échec de ce qu'on pourrait appeler « représentation existentielle » ne sape donc pas la *référentialité réelle de principe* de toute représentation entendue au sens représentatif du terme.

Cette remarque ne doit pas prêter à malentendu. Il ne s'agit pas de nier la spécificité de ce que nous avons appelé « représentation existentielle » au profit d'une conception de la représentation qui l'identifierait toujours plus ou moins à une prédication. Une représentation peut tout simplement représenter qu'*il y avait là une certaine chose, voire simplement « quelque chose »*. Et, dans un tel cas, ce qui invalide la représentation en question, ce n'est pas exactement que la chose en question ne soit pas ou n'ait pas été *comme* elle est représentée, mais son pur et simple *manque* : le fait qu'il n'y ait pas, ou qu'il n'y ait pas eu la chose en question. Il ne s'agit pas de la qualification incorrecte de quelque chose qu'il y avait, mais de la position incorrecte d'une chose qu'il n'y a jamais eu, ou en tout cas pas eu dans la fenêtre dans laquelle nous la visons.

Le point important est cependant le suivant. Le fait que ce soit alors le manque de la chose visée qui constitue la condition de ce qu'on appellera l'incorrection de la représentation ne signifie pas pour autant que ladite représentation ne soit représentation « de rien » au sens de : rien de réel. Là où on parle d'un manque, il s'agit toujours d'un manque déterminé : le manque d'une certaine chose. Cette chose, bien sûr, en tant qu'elle manque, n'est pas réelle. En revanche, les conditions de sa détermination, certainement, le sont. La position de telle ou telle chose – qui peut éventuellement manquer – est en effet sa position en quelque point du réel ; elle concerne un *lieu* de ce réel, lieu qui serait celui de sa réalité, si elle en avait une. Ce lieu est un *lieu logique*, pas nécessairement spatial, même s'il peut revêtir aussi la figure d'une certaine spatialité, au sein de la réalité. Il faut ainsi introduire une condition *topologique* sur toute représentation existentielle, qui, tout autant que la représentation caractérisante (c'est-à-dire celle qui présente l'objet supposé existant comme ayant telle ou telle propriété), se voit par là renvoyée non seulement à un ancrage réel qui définit ses conditions de possibilité mais aussi à une certaine sphère de réalité à laquelle elle réfère. Cette *référence déterminée* au réel est la condition de toute correction ou incorrection.

L'analyse des cas où le sens de cette référence vacille en fournira la meilleure preuve. Lorsque je représente, d'une façon ou d'une autre, la présence d'un objet *là où* il n'y a pas ou il n'y avait pas un tel objet, ma représentation est incorrecte. Cependant supposons maintenant que l'intention représentative ne porte plus sur la simple existence de l'objet mais sur le fait qu'il ait telle ou telle propriété, que l'on entend représenter comme telle. La représentation, alors, n'est plus un simple *dummy*, sa morphologie se met à compter. En tant qu'elle représente l'objet comme porteur de cette propriété, une fois de plus, la représentation est correcte ou incorrecte. Toutefois, ce nouveau type de correction et d'incorrection, strictement corrélatives d'une intention représentative qui cette fois porte sur le fait que l'objet ait ladite propriété, suppose qu'une condition fondamentale soit satisfaite, *à savoir l'existence de l'objet en question.*

En fait, suivant les cas, nous nous trouvons confrontés à deux situations bien différentes. Il y a des cas où ce qui est représenté, c'est à la fois qu'il y ait eu un certain objet (ce qui veut dire aussi, généralement, un objet d'un certain type) *et* que cet objet ait eu une certaine propriété. Alors, l'inexistence de l'objet, qui n'est pas n'importe quelle inexistence, mais si l'on peut dire, inexistence déterminée, est tenue pour une condition d'incorrection de la représentation. Il y a en revanche des cas où cette existence *va de soi* et où ce que la représentation est censée apporter, c'est la connaissance d'un certain état dans lequel se trouve ou se trouvait l'objet. Alors, il est fondamental que ce qui « va de soi » de ce point de vue-là ne soit pas représenté – c'est-à-dire que cela n'ait pas de sens de le traiter comme « représenté » par la représentation pour laquelle il va de soi. Que dire, cependant, si cette évidence était fausse et si ce que nous sommes en train de représenter comme ayant telle ou telle qualité n'existait tout simplement pas ?

Dans un tel cas, au sens où jusqu'ici nous avons utilisé le mot « représentation », nous serons conduits à dire que nous *essayons bien de construire quelque chose comme une représentation*, mais qu'en réalité nous ne faisons rien de tel, puisque ce qui se présente comme une représentation ici en réalité ne représente rien, ce qu'elle représente n'est pas réellement déterminé. Là où une certaine existence est *posée*, ce qui est représenté est parfaitement déterminé, ce qui ne veut pas dire que les choses soient forcément comme la représentation les voudrait. Là où une existence est *présupposée*, en revanche, c'est-à-dire soustraite à la portée de la représentation, et devient la condition pour elle d'être la représentation qu'elle est, le fait qu'elle ne soit pas au rendez-vous entraîne l'effondrement de cette représentation, dans son intention représentative originaire, dans une forme d'absurdité. Comme dans le cas d'un portrait supposé représenter un grand ancêtre dont on découvre brusquement qu'il n'a jamais existé. Dira-t-on que ce portrait est « inexact » ?

Il y a donc bien des cas où ce qui se présente à première vue comme des représentations ne réfère à « rien » ou, en tout cas, où il n'est pas clair à quoi de telles représentations pourraient référer. C'est, alors, que les conditions du projet représentatif ne sont pas réunies et qu'il ne s'agit pas, en fait, de représentations – pas, en tout cas, au sens où nous l'avons entendu, qui se définit par la représentativité.

Cependant, dira-t-on, toute représentation porte-t-elle nécessairement les prétentions représentatives caractéristiques de celles auxquelles nous nous sommes intéressés ? Il est bien évident que le mot « représentation » est en réalité employé dans une grande variété de cas. Or, dans bon nombre de cas, il n'est tout simplement pas vrai que, par l'usage de ce qu'on continue d'appeler une «représentation», j'aie voulu exprimer qu'il y avait réellement une certaine chose ou qu'elle avait réellement telle ou telle propriété. Ce n'est pas parce que je dessine un bison sur le mur que je veux dire qu'il y a un bison ou quoi que ce soit de cet ordre – fût-ce, génériquement, qu'il y a des bisons sur la terre. Qu'il y ait des bisons sur la terre peut être une condition de la possibilité empirique pour moi de dessiner un bison – mais que dira-t-on pour un dragon ou un hippogriffe? – mais il n'y a aucune nécessité à ce que ce soit là *ce qui est représenté* par mon dessin de bison, ni d'ailleurs à ce que celui-ci « représente » quoi que ce soit en ce sens-là. Même si bien sûr ce dessin peut aussi, contextuellement, signifier et « représenter » cela.

Nous retrouvons ici cette évidence, que notre analyse, peut-être, nous avait fait perdre de vue, d'un usage *non véritatif* de ce qu'on nomme «représentation». Représenter, ce n'est pas forcément poser comme existant, ni comme étant tel ou tel. Pour en rester au cas simple de l'image, une image n'est pas toujours utilisée pour indiquer ce qui est ou devrait être le cas. En vérité il y a bien des motifs et façons d'utiliser des images.

Par rapport à l'évidence de tels usages non véritatifs de ce qu'on appelle «représentations», voici, semble-t-il, ce qu'on peut dire.

Tout d'abord, on peut émettre l'hypothèse que ces usages sont dans une certaine mesure *dérivés* de l'usage véritatif. Le problème est de savoir ce qui par exemple détermine la représentation de bison comme *représentation d'un bison*, la représentation d'hippogriffe comme *représentation d'un hippogriffe*. Or, si de telles représentations ne renvoient pas nécessairement à la réalité de ces êtres – peut-être jamais personne n'a-t-il même utilisé ainsi la représentation dans le second cas – qu'est-ce qui les qualifie comme « représentations » et fait que nous continuons à les appeler « représentations » même si elles n'exercent ni fonction référentielle ni prétention véritative, si ce n'est le fait qu'elles pourraient le faire, qu'elles sont du genre des choses qui le font ?

Il est possible et probable que cette dérivation ait quelque chose de fictif et que le sens non-véritatif de la représentation s'autonomise assez vite d'une telle façon que cela n'ait purement et simplement pas de sens de prétendre déceler dans une représentation en ce sens-là la représentation au sens véritatif du terme, que, dans les conditions adéquates, elle pourrait être. Cependant, d'une part, il est douteux qu'un être qui ne manipule pas des « représentations » selon l'usage précédemment analysé, qui est l'usage véritatif, ait un sens pour les autres formes de représentations, dans leur irréductibilité même à ce premier usage, et ce que nous appelons « représentations » en général. D'autre part et surtout, il importe de dénoncer l'illusion d'une autre dérivation, qui ferait des usages non-véritatifs, laissés dans une certaine indistinction (là où, au contraire, il faudrait les analyser et les distinguer soigneusement), les usages premiers sur la base desquels deviendrait seulement possible l'usage véritatif. Comme si une représentation avait d'abord à être une représentation au sens non véritatif du terme pour pouvoir, en un second temps, exercer une fonction véritative.

Un tel point de vue conduit à tourner le dos à tout un sens obvie de la notion de « représentation » : celui dans lequel très souvent et y compris dans des cas aussi simples que la simple « représentance » d'un objet par un autre, « représenter », c'est représenter que les choses sont comme ceci ou comme cela, ou

simplement qu'il y a telle ou telle chose. La prétention de
« vérité », en un sens élargi du mot qui n'est certes pas
nécessairement celui de la vérité propositionnelle explicitée,
est alors constitutive, et non additionnelle, de la notion de
« représentation » même.

Un des résultats des précédentes analyses est précisément,
nous l'espérons, d'avoir établi l'irréductibilité et l'originarité
d'un tel sens de la « représentation », qui ne paraît déductible
d'aucun autre ou constructible à partir d'aucun autre préalable.

Ce que nous voudrions maintenant suggérer pour terminer,
c'est si ce n'est l'unicité de ce sens, position clairement
indéfendable, en tout cas sa *centralité* dans la nébuleuse
d'usages associés à la notion de « représentation ».

Ce que nous entendons par là, ce n'est pas exactement la
thèse forte, que nous venons d'évoquer, qui ferait des autres
sens des *dérivés* de celui-ci – comme s'ils en représentaient,
d'une certaine façon, des formes variées de « relâchement » –
même si nous pensons qu'elle a une part de vérité. C'est plutôt
l'idée que l'emploi du mot « représentation » que nous avons
étudié a quelque chose de paradigmatique par rapport aux
autres sens que, contextuellement, il paraît pertinent de lui
opposer.

Bien sûr, jamais un signe ne prescrit en lui-même aucun
usage, et il est toujours possible d'employer le mot « représentation » pour désigner quelque chose qui ne partagerait
plus rien de la structure représentationnelle précédemment
décrite. Cependant, en règle générale, ce n'est pas le cas. Tout
au moins faut-il marquer une différence forte, qui s'identifie presque à un abîme, entre les emplois dans lesquels le
mot « représentation », apparemment utilisé dans une forme
d'indifférence par rapport à la structure représentationnelle, ne
renvoie plus qu'à une forme d'*occurrence*, en un sens assez

vague, comme c'est le cas dans certains usages de la notion de « représentation mentale » dans la pensée moderne, où la dimension de représentativité paraît pour ainsi dire oubliée et mise hors jeu, et tous ces emplois – y compris une bonne part de ceux associés originairement à la notion de « représentation mentale » – dans lesquels la représentation est essentiellement « *représentation de* », même si elle ne prétend pas représenter ce qu'elle représente comme étant réellement, ou représenter comment est réellement ce qu'elle représente.

Tant que nous avons affaire à des représentations qu'il est pertinent de décrire comme des « représentations de », et qui sont essentiellement qualifiées par cela, alors, même si la nature de cette référentialité est en fait différente de celle, véritative, que nous venons d'explorer, elle partage quelque chose avec celle-ci : se pose inévitablement la question de sa *détermination*, et la réponse ne doit pas être cherchée ailleurs dans un cas que dans l'autre. C'est dans le lien que l'activité de représenter entretient avec un certain réel que s'assigne les conditions de cette référentialité.

Bien sûr, nous parlons à présent y compris d'usages du mot « représentation » dans lesquels il peut se faire que la réalité du « représenté » ne soit ni requise ni au fond pertinente : ce n'est tout simplement pas cela qui est en question. Il ne s'agit donc pas de dire que ces usages, comme ce serait en un sens le cas de l'usage véritatif, s'entretiennent de la réalité du référent. C'est plutôt alors qu'*il est impossible de fixer les contours d'un tel « référent » indépendamment de multiples références à la réalité, qui le déterminent exactement.*

Je resterai sur ce plan sur le terrain de la suggestion car un tel problème appellerait de longs développements. Mais, pour donner une idée de ce qui est en question, je me contenterai de demander quelles sont, par exemple, les conditions de la

fiction, entendue comme un certain type d'usage intentionnellement non véritatif de ce qui se présente bien pourtant en
un sens comme des représentations. À l'analyse, il apparaîtrait
qu'il n'est pas absurde de dire c'est toujours bien du réel que la
fiction parle – en un certain sens, de quoi d'autre pourrait-elle
parler ? Ceci non pas au sens où elle prétendrait énoncer la
vérité d'un réel particulier – même si elle peut aussi le faire
parfois, selon des modalités bien particulières – mais en celui
où les motifs qu'elle constitue n'ont de sens que réinscrits dans
l'ordre du réel, par rapport auquel ils creusent éventuellement
des écarts. Pour le dire autrement, on n'a jamais que les
chimères de sa réalité. Non pas que celles-ci s'y trouveraient
déjà faites et qu'on n'aurait plus qu'à les y puiser ; mais *c'est
dans notre rapport à cette réalité exclusivement que nous les
faisons et qu'elles se déterminent.* Ce qui fait la force d'une
chimère parce que sa distinction, de ce point de vue, c'est
paradoxalement son caractère « réel ».

Bien sûr, tout ce que nous avons dit ne s'applique qu'à ce
qu'on pourrait appeler, par analogie avec l'opposition entre
« art figuratif » et « art non figuratif », les formes de représentations « figuratives », c'est-à-dire celles qui prétendent
représenter quelque chose, en un sens ou en un autre (c'est-
à-dire y compris sans prétendre que cette chose soit le cas).
Cependant, adopter une conception « non figurative » de la
représentation, n'est-ce pas tout simplement passer, pour le
mot « représentation », d'un sens à un autre ?

Il va de soi que les remarques que nous avons faites ne
visent à rien moins qu'à fournir une « théorie de la représentation ». Celle-ci, si elle est nécessaire, réclamerait d'entrer dans
la variété de ce qu'on appelle « représentations » beaucoup
plus que ce que nous avons fait. En revanche, l'objet de ces

considérations, en premier lieu, était d'attirer l'attention sur un usage obvie, peut-être premier, de la notion de « représentation », dans lequel cette notion, loin d'indiquer quelque échappement de principe que ce soit par rapport au réel, renvoie au contraire à des dispositifs qui y appartiennent pleinement, et qui reposent sur tout autant que se rapportent à des réalités données. Cet usage « réaliste » de la notion de « représentation », loin de constituer un cas-limite, ou paradoxal, nous a paru central dans sa constitution.

Prendre la mesure de cet usage, c'est prendre conscience de ce que la « représentation », en un certain sens originaire du terme, loin de constituer une condition *a priori* de l'accès (et réversiblement peut-être de la perte) du réel, suppose au contraire que nous soyons, de toute façon, en rapport avec celui-ci. C'est parce qu'il y a d'abord les choses qu'il peut y avoir des représentations, et non l'inverse. Il faut donc, si on veut réellement penser la représentation, rendre son droit à l'évidence des choses. Le discours qui dissout, ou veut dissoudre, celle-ci dans la représentation suppose, en règle générale, ce qu'il prétend annihiler, à défaut d'une véritable interrogation sur les conditions de ce que c'est que « représenter », que, du reste, il entende ce terme en l'un ou l'autre de ses sens possibles.

# Chapitre II

# L'INTENTIONALITÉ

L'évidence du réel paraît si forte qu'il y a lieu de se demander comment nous pouvons jamais en venir à la remettre philosophiquement en question. Tous les mouvements que nous effectuons, représentatifs autant que présentatifs, ne se font-ils pas «à même» le réel et dans son immanence? Ne s'identifient ils pas à autant d'attitudes adoptées *en lui*?

Les attitudes dont il est alors question peuvent être génériquement décrites comme productrices de sens. Il est finalement assez malaisé de comprendre ce qu'il faut entendre par là, mais une certaine philosophie, qu'il n'est pas absolument absurde de désigner comme celle de la modernité, nous a habitués à raisonner ainsi. L'idée, au départ, semble être la suivante : le trait caractéristique de ces attitudes serait que ce qui en constitue l'enjeu *compte comme* tel ou tel, se voit par là-même qualifié suivant un certain point de vue. Ainsi un objet peut se voir alternativement déterminé comme une canne, la canne de Frank Llyod Wright, un bout de bois – ce qui met en jeu tant des «façons d'y penser», que des dispositifs réels correspondants : ainsi, le fait que l'objet soit placé dans une vitrine change tout... Les prises que nous exerçons, au sein du réel, sur les choses, ont chacune un certain format,

suivant lequel elles embrassent ces choses. Il n'est pas absolument scandaleux d'appeler ce format « sens » – même s'il
faut alors sans doute se garder de la subreption qui consisterait
à prêter nécessairement à ce sens la signification et les
propriétés d'un sens « linguistique ».

Cependant, prendre conscience du fait qu'un certain type
d'abord des choses – celui qui correspond au fond à toute
situation où la *question* de leur abord vient à se poser – mette
en jeu quelque chose qu'on appellera « sens », n'est-ce pas se
trouver immédiatement projeté sur un terrain où il est possible
de perdre ces « choses » comme choses, c'est-à-dire apparemment comme indépendantes du sens à travers lequel nous les
aborderions ? Précisément, l'image du milieu qu'il faudrait
traverser et qui donc ferait potentiellement écran n'est-elle pas
dès lors inévitable ?

Un aspect du problème réside dans ce que, comme nous
l'avons vu, il semble qu'il y ait une relation interne entre
cette dimension de « sens » et un certain usage de *signes* qui
permettent de construire celui-ci. Il n'y aurait de « sens »,
c'est-à-dire présentation de la chose *sous un certain aspect*,
que là où, au minimum, la chose devient *signe d'elle-même*, et
où se crée donc un écart de principe d'elle à elle-même (d'elle
comme représentante à elle comme représentée). Et, dans le
cas général, ce n'est pas la chose elle-même, mais autre chose,
qui sert de signe pour elle. Ce qu'on appelle « sens » est en tout
cas si ce n'est ce qui est produit par un tel encodage en signes,
en tout cas ce qui s'exprime en celui-ci. Pas de sémantique,
donc, qui ne soit dans un lien à une certaine sémiotique.

Or un des acquis considérables du XXᵉ siècle, dont on ne
peut que regretter qu'il semble avoir été quelque peu perdu de
vue dans de vastes franges du monde intellectuel d'aujourd'hui,
a été la prise de conscience de la complexité de cette dimension

sémiotique. Les signes ont leur propre logique, qui n'est pas nécessairement celle du sens dont ils sont le vecteur, et dont il semble même qu'elle puisse parfois les porter au-delà du sens, jusqu'au pur non-sens.

Dès lors, si le sens a à s'exprimer au moyen des signes, ou est en tout cas essentiellement tel qu'il puisse être exprimé par eux, ne participe-t-il pas de cette complexité, et ne risque-t-il pas, par là-même, de constituer un obstacle autant qu'une médiation entre nous et le réel? N'est-il pas en tout cas toujours de nature à pouvoir le devenir?

Bien sûr, il faut souligner que le fait que les signes puissent perdre le sens qui, sous certaines conditions, y est attaché, et éventuellement être utilisés indépendamment de leur signification, voire à l'encontre de toute signification, ne signifie pas que leur vocation première – qui les définit comme signes – ne demeure pas d'exprimer un sens. Il faut, de la même façon, relever que la vocation première de ce qu'on nomme « sens » semble être de constituer un certain type de prise sur ce que nous appelons « les choses », donc là où il s'agit de choses réelles, comme cela semble primairement le cas, sur ces choses dans leur réalité.

Cependant, de la même façon qu'il arrive indubitablement que les signes échappent à leur usage expressif et se dérobent à la construction d'aucun « sens », il semble que parfois quelque chose de cet ordre se produise en ce qui regarde le sens même, dans sa dimension propre. Tout ne se passe-t-il pas comme s'il y avait des formes de « sens » qui ne constituent pas vraiment une vue sur les choses? On peut imaginer qu'il y ait là quelque chose qui dépende précisément de la constitution sémiotique du sens: parce que le sens, pour s'édifier, s'appuie sur les signes et, là où il a à s'expliciter, trouve dans leurs capacités représentatives sa figure concrète, il est concevable que le jeu des signes le conduise à un état de confusion où il ne soit plus bien clair de quel sens il s'agit, ou s'il s'agit même d'un sens. Il semble alors que l'on ait encore affaire à un usage des signes qui relève de la construction ou de l'expression d'un sens mais, pour autant, ce « sens » ne constitue pas réellement une prise identifiable et réitérable – comme il semble que le concept de « sens » le comporte en droit – sur les choses.

Une entente un peu rigoureuse de la notion de « sens » nous conduira à penser que, dans ce genre de cas, il n'y a en réalité *aucun sens* mais simplement un semblant de sens. Le fait qu'on utilise les signes d'une façon analogue à celle au moyen de laquelle d'habitude on produit ce qu'on appelle « sens » ne veut pas dire que cela soit exactement ce qu'on est en train de faire. En matière de production de sens – et là où il s'agit de savoir si quoi que ce soit comme du sens est effectivement produit ou non – ce sont les fines nuances qui comptent.

Cela dit, au-delà de cette possibilité de la confusion du sens, qui le détruit en tant que sens au moins dans la signification selon laquelle nous avons entendu ce mot, à savoir comme vue sur quelque chose, qu'il éclaire d'un jour défini, la difficulté autour de laquelle s'est cristallisée une bonne part du débat contemporain est précisément de savoir quel statut a le sens par rapport à la chose là où justement il peut prétendre à constituer une telle « vue ».

L'idée de « sens » telle que nous l'avons présentée est celle d'une *identification* de la chose à laquelle nous nous rapportons. Se rapporter à quelque chose selon un certain sens, c'est se rapporter à cette chose *comme* telle ou telle – que ce soit du reste son *identité numérique* ou son *identité générique* qui soit en question.

Le problème semble être que la chose, dès lors, dans la limite de cet usage, apparaît *sous cette identité*. N'est-il pas alors tentant de se demander si, *à côté* de la chose, nous ne nous trouvons pas confrontés à une *nouvelle chose*, à savoir *celle-ci sous telle ou telle identité*?

Une façon classique de formaliser cette inquiétude philosophique, à défaut d'y répondre, consiste à distinguer l'*être pur et simple* de la chose et son *être intentionnel*. Ce que les philosophes appellent «être intentionnel» de la chose, c'est précisément son être en tant qu'identifiée de telle ou telle façon.

Une telle formulation suggère que l'identification ajoute quelque chose à l'être des choses. Qu'est-ce que l'intentionalité, telle que la tradition philosophique en a fait la figure canonique de l'esprit, si ce n'est une forme d'ajout? Il y a, de ce point de vue, on ne l'a pas assez remarqué, une forme de solidarité tacite entre le point de vue intentionaliste (c'est-à-dire celui qui raisonne en termes d'intentionalité) traditionnel et son adversaire anti-intentionaliste (qui voudrait se passer d'une telle notion, au sens de sa *dénégation*) : c'est en effet en quelque sorte en addition à un monde supposé originairement non-intentionnel qu'est toujours pensée, ou en tout cas représentée, l'intentionalité.

Dès lors la question semble s'imposer du statut de ce qui est par là ajouté. Est-ce une extension dispensable, un effet de surface, ou le monde s'en trouve-t-il réellement enrichi? Faut-il faire droit à une véritable *ontologie intentionnelle*? Telle est la question autour de laquelle semble tourner indéfiniment le débat philosophique contemporain, avec un certain sentiment de circularité – l'être intentionnel s'avérant impossible à congédier, sans pour autant qu'on parvienne jamais à établir complètement les droits qu'on le croit réclamer.

Une réaction possible devant l'idée d'ajout intentionnel est celle qui consiste à refuser le cadeau et à vouloir s'en tenir à ce que sont les choses mêmes, indépendamment et en-deçà de toute intentionalité. L'univers physique prête alors générale-ment ses traits à un tel être non-intentionnel, puisqu'il est supposé être ce qu'il est indépendamment de la présence en lui d'agents déployant des activités représentationnelles d'une nature ou d'une autre. La figure d'un monde vidé de ses occupants humains ou en tout cas indifférent au type d'activité qui semble définir en propre leur humanité paraît donner un sens concret à l'idée d'une réalité indépendante de tout « sens ».

Cette conception a pourtant quelque chose d'étrange. En effet, qu'y a-t-il de plus « représenté » que cet univers physique qu'on désigne comme un au-delà – ou un en-deçà – de la représentation ? Il s'agit certes de la représentation d'un univers dans lequel il n'y aurait pas nécessairement de « repré-sentations », ou tout au moins où celles-ci ne « comptent » pas ; mais précisément il ne s'en agit pas moins d'une représentation.

Cette représentation, du reste, n'est pas toujours celle qui s'impose. Si par exemple, je vous dis :

Passez-moi le parallélépipède qui se trouve sur la table !

il est probable que vous serez assez étonné, s'il s'agit d'un livre : vous vous attendriez alors à ce que je le décrive et désigne comme « un livre ». Encore le premier descriptif ne vous paraîtra-t-il peut-être pas entièrement absurde mais juste « étrange », parce que la forme visible de l'objet vous permettra certainement d'identifier inférentiellement ce dont il s'agit (de le « rétablir », en quelque sorte), en dépit de la bizarrerie de l'angle d'attaque adopté sur lui. Mai si je dis : « Eliette m'a acheté un parallélépipède », sauf conditions contextuelles très particulières, l'énoncé semble tout à fait absurde. Il se peut que ce qu'elle ait acheté ait une forme parallélépipédique, mais ce n'est certainement pas en tant que parallélépipède qu'elle l'a acheté ni qu'elle me l'a offert. Dans ce contexte il est tout simplement surréaliste d'appeler «parallélépipède» un livre. Le nommer «livre» permet la description adéquate : c'est bien en tant que livre que l'objet joue un rôle dans la situation, et c'est cette seule détermination qui pénètre donc dans la richesse de la situation. Ici, ce genre de parallélépipède qu'est en effet habituellement un livre ne *compte* pas comme un parallélépipède quelconque.

Après, il se peut que certaines déterminations plus riches soient seules à même de nous donner les moyens de cerner ce qu'il y a de plus spécifique, *donc de réel*, dans la situation. Que dire, par exemple, s'il s'agit d'une Bible ?

Et en effet, ce n'est pas, en général, «un livre» qu'on achète, mais *un certain livre* : c'est la *Mécanique* de Landau et Lifchitz, publiée aux éditions de Moscou, qu'achète Émile et cela a une importance dans le scénario, une fois qu'on sait qu'Émile est un mathématicien français fasciné par le PC et très attiré par la physique, etc. etc. De ce point de vue, un livre n'en vaut pas un autre, c'est-à-dire ne *compte* pas comme un autre.

Parfois les différences deviennent très fines, et il est difficile de les démêler. Cela ne signifie pas qu'elles ne comptent pas. Sur certaines pièces de monnaie françaises, vous trouvez le sigle de la «République française», RF; sur la tranche des euros grecs, en revanche, figure «Demokratia ellénikè». Une certaine conception de ce qu'est la réalité conduirait à tenir ce genre de différences pour négligeables – une simple différence dans les mots, dira-t-on, et non une différence dans les choses. Pourtant il apparaît qu'un terme n'est pas exactement substituable à l'autre et que se rattacher alternativement à l'un ou à l'autre veut dire quelque chose. Il y

a des situations où cette différence *compte*, et est une différence réelle, au sens où la faire permet de cerner certains traits
particuliers de la réalité à laquelle nous sommes confrontés.

Prétendre se limiter à un langage strictement physicaliste,
ce serait donc se priver délibérément de la possibilité d'exercer
une prise sur toutes sortes d'aspects concrets de notre monde,
dans lesquels ce qui est saisi est bien, indubitablement, de
l'ordre de la réalité, même si cette réalité ne devient théma-
tisable en tant que telle que là précisément où on se donne
certains moyens de description qui vont au-delà du formulaire
physicaliste. Ainsi, la démocratie grecque n'est-elle pas, tout
autant que le parallélépipède en bois qui sert de modèle dans la
classe de géométrie, une réalité? Pourtant, pour la décrire,
nous aurons besoin d'autres termes que ceux de la physique.

Ce n'est pas pour dire que les choses telles que nous
sommes en rapport avec elles ne seraient jamais telles que cela
aurait un sens de les décrire comme « physiques », c'est-à-dire
avec les moyens d'une physique ou d'une autre. C'est au
contraire très souvent le cas. Ou : il est très souvent le cas
qu'elles puissent *aussi* être décrites ainsi. Cependant, il n'y a
rien de clair dans l'idée que la notion de « choses physiques »
s'appliquerait particulièrement à elles *en tant qu'elles sont
rencontrées en-deçà de toute description*. Cette formule paraît
même purement et simplement absurde, puisqu'il s'agit d'une
description.

Il y a donc quelque chose de profondément insatisfaisant
dans le point de vue qui consiste à rechercher pour le réel une
*identité* qui se situerait en quelque sorte en-deçà, ou en priva-
tion de l'intentionalité (comme si, en quelque sorte, il y avait
une identité qui n'en était pas une). Il ne s'agit très généralement
de rien d'autre que d'un point de vue fondé sur l'hypostase

d'une certaine intentionalité qui la porte à s'ignorer elle-même en tant qu'intentionalité.

Contre une telle option – ce qu'on appelle habituellement : réductionnisme – la prise en compte des contraintes de *pertinence* et d'*adéquation* qui pèsent sur les formes de description de la réalité, nous conduira à défendre le principe de ce qu'on appellera un « réalisme intentionnel ». Une telle notion est cependant tellement équivoque qu'il faut en déployer soigneusement les conditions.

Par « réalisme intentionnel », on entendra un réalisme qui, au lieu de prétendre « réduire » l'intentionalité, lui fasse droit. Il y a cependant, on va le voir, quelque chose d'égarant dans une telle formule : comme si, dans le monde, il y avait une chose qui s'appelle l'intentionalité et qu'on pouvait manquer.

De fait, il y a dans le monde des dispositifs représentatifs, et des attitudes qui consistent à utiliser ceux-ci ou qui, de façon plus subtile, se traduiraient adéquatement par un certain usage de ceux-ci. C'est un fait très important, dont l'ignorance peut certainement nous conduire à des erreurs d'appréciation considérables en ce qui concerne un certain nombre de phénomènes, qu'on ne comprend pas tant qu'on ne les a pas identifiés comme représentatifs – c'est-à-dire tant qu'on ne serait pas capable de les représenter comme représentatifs.

Cependant la vraie question n'est pas tant celle de la présence dans le monde de phénomènes qui ne sont pas repérables tant qu'on ne les subsume pas sous le concept de « phénomènes intentionnels » ou quelque chose d'approchant, que celle de la contamination de la question ayant trait, en général, à *ce qu'il y a* dans le monde, par l'intentionalité : le fait qu'on ne puisse se demander ce qu'il y a sans mettre en jeu une certaine intentionalité, et donc qu'intentionalité et ontologie aient un lien particulier. En ce dernier sens, l'intentionalité semble une contrainte sur le réalisme, si celui-ci doit renvoyer à la position d'un réel *identifiable*. Elle relève de la grammaire même du réalisme et, comme telle, n'indique pas tant une réalité qu'un point de vue. Plutôt que d'intentionalité, il faudrait parler de « point de vue intentionnel ». Un point de vue qui ne s'identifie au fond par rien d'autre que par l'idée même de « point de vue » : le point de vue intentionnel, c'est le point de vue sous lequel on ne peut faire l'économie de la notion de point de vue.

Qu'est-ce que l'intentionalité, en ce sens, et en quel sens est-elle inéliminable ?

L'intentionalité, c'est le simple fait que, en chaque occurrence où est posée la question de savoir ce qu'il y a, la réponse qui peut être donnée à cette question est indissociable d'un certain point de vue. Si par exemple on pose un certain objet devant moi, dans certaines circonstances, il sera normal de répondre qu'il s'agit d'un livre ; dans d'autres, d'un parallélépipède. Il n'y a pas de réponse à la question « il y a » qui ne soit ainsi *qualifiée*. Un réalisme est « intentionnel » à partir du moment où il intègre cette contrainte logique d'intentionalité.

Il s'agit bien d'une contrainte logique (donc de discours ou en tout cas de représentation), et non transcendantale : ce n'est pas que le « véritable objet », qui se tiendrait au-delà de ses différents formats de représentation et pourrait alternativement être qualifié d'une façon ou d'une autre, nous échapperait et que nous serions *obligés*, pour y avoir accès, d'adopter un point de vue. Ce « qu'il y a », c'est très exactement *ce qui est représentable d'une certaine façon*. Donc : dans un certain cas, un livre ; dans un autre, un parallélépipède.

La thèse d'intentionalité est donc une thèse sur le format de la question « qu'y a-t-il ? ». Rien de plus, certainement, mais aussi rien de moins : il n'y a pas de façon de poser la question sur ce qu'il y a sans la déterminer d'une manière ou d'une autre et adopter une perspective intentionnelle. Cela reviendrait précisément à essayer de poser la question sans vraiment la poser puisqu'il serait impossible alors de savoir de quelle question il s'agirait.

En ce sens, parler de « réalisme intentionnel », c'est tout juste attirer l'attention sur la formalité même sous laquelle peut se poser à nous la question de la « réalité ».

D'un autre côté, ce titre peut inversement exprimer une exigence critique par rapport à une certaine représentation philosophique de ce que serait « l'intentionalité ». Parler de « réalisme intentionnel », cela peut en effet également signifier que l'on introduit ce qu'on pourrait en un premier temps être tenté de décrire comme une « contrainte » réaliste sur l'intentionalité. Ou plutôt, c'est purement et simplement congédier une conception de l'intentionalité selon laquelle celle-ci se tiendrait au-delà du réel.

Qu'est-ce qu'une conception « réaliste » de l'intentionalité ? Si par « intentionalité » nous entendons un point de vue sous lequel, dans une certaine situation, le réel peut être circonscrit, le « réalisme » consiste à rendre à un tel point de vue *sa conditionnalité réelle*. Il revient précisément à prendre la mesure du fait que certains points de vue, dans cette situation, sont pertinents, d'autres non. La pertinence renvoie à l'ancrage de toute prise normative sur le réel dans une contextualité réelle. Contextuellement cela a du sens de décrire un certain objet comme un parallélépipède – par exemple à la leçon de mathématique. Quand je l'achète chez le libraire, cela n'en a plus. En chacune de ces occurrences, si on nous demande de représenter ce qu'il y a, nous le ferons différemment et, sous l'éclairage de ces représentations, apparaîtra à chaque fois *un réel différent*. Cependant cette différence dans la représentation n'est pas arbitraire, mais motivée : elle résulte à chaque fois du caractère de la situation. Que serait une description du réel qui fasse abstraction de ces situations ? C'est-à-dire : il n'y a pas de description « absolument non située », de description qui ne repose pas sur un certain point de vue. Mais aussi : il n'y a pas de tel point de vue qui ne se détermine pas dans un certain rapport avec la situation dans laquelle il est articulé. Il y a assurément toujours une infinité de façons de décrire ce qui est donné dans une certaine situation, mais toutes ne sont pas pertinentes, même si plusieurs le sont, et parmi celles qui sont pertinentes, si on rentre dans le grain plus fin de la situation, toutes ne le sont pas *également*.

De la même façon l'autre notion qui marque de façon irrévocable la nécessité du point de vue intentionnel en ontologie, à savoir la notion d'*adéquation*, appelle aussi une telle relecture « réaliste ».

Les notions de pertinence et d'adéquation entretiennent certainement un lien, sans probablement qu'il soit possible de réduire absolument l'une à l'autre.

Une description peut être pertinente sans être adéquate. Il semblerait que l'adéquation requière quelque chose de plus. Bien sûr on peut toujours dire qu'il s'agit d'une sorte de maximum de la pertinence. Cependant, il est probable qu'alors on est subrepticement passé d'un concept de « pertinence » à un autre. Par « pertinence » on entendait d'abord une forme de possibilité : celle d'utiliser raisonnablement un certain type de description dans ce cas. Maintenant, c'est plus et autre chose qui est visé : une certaine qualité prise par la description dont on a le sentiment qu'elle touche les choses mêmes, *qu'elle les représente exactement telles qu'elles sont*. « C'est bien ainsi », a-t-on envie de dire devant la description adéquate. Et c'est comme si celle-ci nous révélait les choses dans leur réalité même, comme si cette réalité, pour la première fois, était positivement identifiée, identifiée *comme ce qu'elle est de toute façon.*

Une telle adéquation n'est pas elle-même libre de tout point de vue. C'est là où la chose est déjà approchée sous un certain point de vue qu'une certaine description peut s'imposer comme *la description adéquate.* Cependant, là encore, la détermination est réciproque, car ce n'est que depuis la réalité concernée en tant que considérée dans tel ou tel contexte que peut se fixer cette norme positive – et non plus seulement « négative », comme dans le cas de la « pertinence » entendue au sens où un certain genre de description sera considéré comme pertinent, d'autres non – d'adéquation. Ce n'est que dans le rapport réel, et dans la richesse et la complexité de celui-ci, qu'une notion comme l'adéquation peut trouver sa source, de façon à pouvoir qualifier certaines des représentations que nous construisons. Si celles-ci n'étaient pas engagées, en amont et en aval, avec le réel, la notion d'adéquation n'aurait aucun sens. Nos représentations pourraient être *vraies,* mais elles ne seraient jamais « *justes* » : nous n'aurions jamais ce sentiment si spécifique que certaines vérités touchent l'être même de ce dont elles sont vraies.

Ce phénomène si particulier mais fondamental de « l'adéquation », n'a de sens qu'en termes d'orientation et d'ajustement dans le réel, selon une position et un scénario déterminés. Il fait signe vers la réalité des conditions mêmes de la norme, non pas en tant que déterminations qui pèseraient sur elle de l'extérieur, mais comme définissant, de façon interne, sa structure et sa signification. Il n'y a pas de dispositif représentatif qui, en tant qu'on peut le faire fonctionner, ne renvoie pas à l'effectivité d'une certaine prise qui peut être exercée, au sein du réel, sur le réel lui-même. Or, à chaque bout de la chaîne – le contexte comme l'objet – ce qui est réclamé ici, et présupposé, pour que la norme ait un sens, c'est un certain type de réel, ou en tout cas un réel d'une certaine qualité – parfois, il peut s'agir d'un individu. « L'adéquation » n'indique rien d'autre que la satisfaction pleine de ces conditions, qui font de la prise en question exactement celle qu'elle devrait être. On pense et dit alors ce qu'il faut, ou représente de la façon qu'il faut, au moment où il le faut. Le résultat est que l'objet de la prise apparaît alors comme ce qui est « exactement » en question. Sa réalité perce en quelque sorte alors à travers sa vérité. Ce n'est pas juste que les choses sont comme nous le disons, pensons ou représentons (ce à quoi la vérité suffit); c'est que nous disons, pensons ou représentons exactement ce qu'il faut en dire, penser ou représenter dans cette situation : le cadre normatif mis en œuvre est à l'unisson de la situation dans laquelle il l'est.

Ce qui s'impose donc avec le phénomène de l'adéquation, c'est la nécessité non seulement de faire droit au caractère irréductiblement intentionnel de toute approche thématisante du réel, mais réciproquement à l'inscription *réelle* de toute structure intentionnelle qu'on pourrait être tenté de mettre en œuvre. Il n'y a pas de description, ou en général de prise normative sur le réel, selon laquelle celui-ci apparaît comme étant comme ceci ou comme cela, qui ne suppose pas une forme d'engagement défini avec lui et ne renvoie pas à une configuration déterminée de réalité, configuration qui n'est pas l'objet de cette prise, mais son corps même.

Maintenant, il faut revenir sur la question du rapport entre ces structures intentionnelles et la réalité qui y apparaît.

Dira-t-on que ce qu'on appelle « intentionalité » ne constitue qu'une forme de « vue » extérieure sur la chose, qui y demeurerait extrinsèque, et ne serait qualifiée qu'extérieurement par elle? L'idée alors serait que les choses, par elle-mêmes, ne sont pas telles que les présentent nos représentations. Cela non pas au sens où elles seraient différentes, mais en celui où, en elles-mêmes, elles ne pourraient pas être concernées par de telles déterminations et ne seraient donc pas telles qu'on pourraient les leur attribuer ou les leur dénier.

On reviendrait alors au mythe des «objets blancs», purs pôles de référence, à la fois absolument individués et absolument vides de propriétés, qui se verraient habillés de l'extérieur par les attitudes que nous adoptons à leur endroit, en vertu des scénarios dans lesquels nous sommes pris avec eux. Le même objet que l'on pourrait décrire dans une certaine situation comme une table peut, dans une autre, être décrit comme un système d'atomes, *donc* en lui-même, il n'est ni l'un ni l'autre, une description comme l'autre demeure extrinsèque et tout juste un moyen de caractérisation opératoire commode et *circonstanciellement* pertinent. La clause de circonstancialité devrait être entendue comme une clause d'irréalité.

Cependant, précisément, le phénomène de l'adéquation, en tant que phénomène *positif*, semble entrer en contradiction avec une telle ontologie spectrale ou disons indirecte, selon laquelle les objets paraissent irrémédiablement éloignés. Si je vous dis que j'ai besoin d'une table pour poser mes papiers, c'est bien d'une table et non d'autre chose qu'*il s'agit*. Il sera purement et simplement absurde de substituer ici à la table une description physicaliste du système d'atomes qui la composent, bien que, du point de vue de l'en soi blanc qui a été invoqué, il semblerait qu'il y ait là un seul et même objet «vu de deux points de vue différents». Il n'est pas vrai, ici comme ailleurs, qu'une description en vaille une autre. C'est-à-dire qu'une description comme une autre saisisse alors exactement ce qu'il y a.

La réalité, encore une fois, réside précisément en ceci : que ce qui nous est donné à chaque moment ne soit pas « n'importe quoi », un simple X, et qu'il y ait à chaque fois des façons plus ou moins bonnes (et certaines absurdes) de le décrire. Les façons de décrire ne sont pas des vues extérieures, interchangeables, sur la réalité : elles la capturent ou non dans sa réalité précisément. Elles constituent non seulement des réponses abstraites à la question : « qu'est-ce que c'est ? » (*what is it ?*), mais des réponses concrètes à la question : « *de quoi s'agit-il ?* » (*what is it about ?*, qui est la vraie question de réalité, mais aussi celle dans laquelle figure la clause d'intentionalité).

Cependant, quelle valeur faut-il donner à cette irréductibilité du point de vue intentionnel, qui semble être le seul bon là où nous voulons cerner la réalité en tant que telle, et non de simples fantômes d'objet ?

Il pourrait paraître logique de dire que la réalité n'est donc pas faite d'« objets blancs », mais d'« *objets intentionnels* », c'est-à-dire d'objets sur mesure pour l'intentionalité. Une telle formulation, cependant, est éminemment équivoque.

La table et le système d'atomes arrangés dans un certain ordre sont-ils des choses différentes ? Oui, certainement : elles ne sont, en tout cas, certainement pas interchangeables. Si je modifie la configuration de mon système d'atomes, cela demeure un système d'atomes ; mais il cesse assez vite de s'agir d'une table.

Mais est-ce à dire que, dans la réalité, il y aurait, rangés bien gentiment l'un à côté de l'autre, d'un côté la table et de l'autre le système d'atomes, comme si cela avait un sens de se référer à l'un ou l'autre de ces items indépendamment d'un certain point de vue que nous adoptons à l'endroit de ce qu'il y a, point de vue qui renvoie lui-même à une certaine interaction dans laquelle nous sommes pris avec le réel, à un certain régime de relation avec lui, dans une situation donnée ?

La prise de conscience du format fondamentalement intentionnel du réalisme recèle un piège : celui de la tentation, nourrie par une certaine philosophie, *confondant le réalisme et la réalité*, de la retraduction de ce format sur un mode extensionnel. L'univers est alors traité, comme dans le point de vue extensionnel, comme une liste, mais une liste d'objets chargés des mêmes propriétés qui pourraient être l'objet d'intentionalités. Tout un aspect de ce qui est revenu aujourd'hui à la mode sous le nom de « métaphysique » peut ainsi être caractérisé comme une espèce de *projection extensionnelle de l'intentionnel*. Contre les ontologies désertiques, on revendique un monde infiniment riche, le jeu consistant à en débusquer des aspects de plus en plus paradoxaux ou incongrus. Le problème est que ces aspects sont conçus comme autant d'entités indépendantes des scénarios sous lesquels seulement il y a un sens à, et il est nécessaire de les décrire ainsi. Ce qui est oublié alors, c'est que de telles déterminations renvoient à la seule « nécessité » (il n'y en a pas d'autre : toute nécessité est logique) de décrire le réel de telle ou telle façon et donc ne sont pas indépendantes de ce que nous avons appelé un « point de vue ». Le paradoxe du réalisme intentionnel métaphysique est qu'il veut à la fois engranger le bénéfice des points de vue, en faisant porter au réel les propriétés du *vu*, tout en élidant toute vision et en ignorant donc ce que sont les *conditions* réelles de tel ou tel « point de vue ».

Le réalisme intentionnel métaphysique consiste en quelque sorte à adopter le point de vue intentionnel tout en effaçant l'intentionalité elle-même. En cela, il a certainement de bons motifs. En effet, ce qui caractérise l'intentionalité, là où elle est pertinente, c'est en quelque sorte sa *transparence*. Ce à quoi je m'assieds, ce n'est pas ce que j'interprète comme une table : *c'est une table*. C'est-à-dire que la détermination « table », quand je l'utilise dans ce contexte, s'applique exactement à ce qui est en question et le désigne adéquatement. L'objet en question *est* une table ; ce n'est pas une façon de se le représenter ou de l'appeler.

Cependant, ce qu'oublie le réalisme intentionnel métaphysique, c'est que cette transparence n'est pas inconditionnelle, qu'il y a un contexte sous lequel la description adéquate est « une table » et donc il s'agit d'une table. Il n'y aurait pas de sens à dire qu'il s'agit d'une table « en général ». Ce qui ne veut pas dire non plus qu'il s'agisse de quelque chose d'indéterminé (un « objet blanc ») qui, dans certaines circonstances, pourrait être décrit comme une table, dans d'autres différemment. L'objet propre de la description, c'est la table. Mais les limites de l'être de la table sont aussi celles de sa description : le fait qu'on ne puisse pas décrire ce qui est donné comme une table *dans n'importe quelles circonstances* est de la plus haute importance.

Malheureusement, la philosophie des dernières décennies, à la faveur du reflux de la philosophie du langage, qu'on soupçonnait d'avoir introduit trop de médiations entre le réel et nous, a trop vite fait, dans des pans entiers de son développement, d'oublier cette contrainte de contextualité, qui pourtant représentait le véritable constituant réaliste qu'il aurait fallu retenir de la critique philosophique linguistique. La résurgence de la métaphysique, très souvent, s'identifie aujourd'hui au déploiement d'un mode d'interrogation acontextuel, donc ignorant les conditions de détermination de ce réel qu'il prétend circonscrire, en tant que conditions *réelles*.

De ce point de vue, on peut dire que le réalisme intentionnel métaphysique, comme le réalisme métaphysique en général, est un irréalisme. Ses termes n'ont pas de sens, parce que pas de sens réel.

On en trouvera un exemple typique dans l'interrogation récemment réactivée sur les *negativa*, qui repose très largement sur un faux problème. En 1994, Casati et Varzi publient un livre représentatif de ce nouveau genre intitulé *Holes*[1]. Ils se demandent gravement si les trous existent ou non. Y a-t-il des trous dans le réel – c'est-à-dire : eux-mêmes sont-ils « réels » ? Il semble que cela pose un problème : comment pourraient-ils l'être, puisqu'ils ne sont faits de « rien » ?

Quels que soient les talents analytiques déployés, on ne peut qu'être frappé par une certaine forme d'absurdité. Le fait qu'on se demande si les trous sont bien réels ou non – s'il faut ou non enrichir le stock d'entités dont serait fait le réel de ce nouveau genre d'entités, apparemment déviantes – témoigne certainement d'un malentendu fondamental par rapport à ce qui est entendu par « réel » en général. Y a-t-il des trous dans le réel, se demande-t-on. Mais pourquoi n'y en aurait-il pas ? C'est-à-dire pourquoi y en aurait-il *plus ou moins* qu'autre chose ?

Si je cherche à boucher le trou de l'évier, c'est bien le trou de l'évier que je cherche à boucher ! Et ce trou n'est pas moins réel que la grille qui l'obture. De la même façon, si les

---

1. Roberto Casati et Achille Varzi, *Holes and Other Superficialities*, Cambridge (Mass.), MIT Press, 1994. Inutile de préciser que Casati et Varzi ne sont pas ici critiqués pour eux-mêmes, mais pris comme « représentants d'une maladie à la mode », pour reprendre les termes de Frege faisant du jeune Husserl la victime expiatoire de sa réfutation du psychologisme.

cuirassiers de Waterloo[1], d'après Hugo, sont tombés dans le trou d'un fossé qui a brisé leur charge, dira-t-on que ce trou n'était pas réel? Il constituait certainement un aspect, et un aspect très important, de la réalité de la situation.

Cela veut-il dire que des trous béants nous attendent dans la réalité, c'est-à-dire nous y attendent indépendamment des charges que nous pouvons y faire et de toute attitude que nous pourrions y adopter? Mais là encore, que serait une telle «réalité»? Il n'y a de «trou» entre mon bureau et moi que si je considère le risque d'y faire tomber quelque chose.

En fait, les déterminations «négatives» ne sont pas moins réelles que les «positives». Elles peuvent au contraire, circonstanciellement, exprimer très fortement la réalité et constituer sa caractérisation adéquate. Tout dépend, comme pour toute détermination, de la façon dont on elles sont utilisées. La vraie question, en l'occurrence, serait celle de ce que nous sert à penser le concept de «trou» – dans quelle situation il intervient, pour penser quoi – et non pas de répertorier un genre d'objet oublié sur les étagères d'un réel sur lequel aucune prise ne serait exercée. La vraie question métaphysique, comme toujours, qui renvoie le métaphysique au sémantique, puis au pragmatique, parce qu'au caractère situé de toute rencontre avec le réel et de toute vue sur lui, c'est donc celle de la *pertinence* de la notion de «trou».

Le risque du catalogue est toujours de nous conduire à oublier les conditions sous lesquelles cela a un *sens* de se référer à tel ou tel objet. L'important, dans le catalogue, c'est

---

1. En Belgique, où j'ai eu l'occasion de présenter pour la première fois ces considérations, on dirait «de la bataille de la Belle-Alliance». Voici une différence dont le type de point de vue philosophique développé ici voudrait nous apprendre à mesurer la portée *réelle*.

son mode d'emploi. Voici ce qu'oublie trop vite le réalisme intentionnel métaphysique, c'est-à-dire celui qui fait porter à une réalité abordée sur un mode qui se veut au-delà de toute intentionalité, le poids de cette même intentionalité.

Il ne s'agit donc pas, comme on le voit trop souvent aujourd'hui, de revendiquer l'existence d'un être intentionnel à côté d'un être qui ne le serait pas. Ce n'est de toute façon pas l'être qui est intentionnel mais en revanche, toujours, la prise qu'on exerce sur lui là où on a à le décrire ou le thématiser, d'une façon ou d'une autre, dans sa réalité : une telle prise suppose en effet l'adoption d'un certain point de vue, qui ne vient pas de nulle part, mais est motivé par la situation même.

Il ne s'agit donc pas finalement, pas du tout, au titre dudit « réalisme intentionnel », de construire une ontologie inten-tionnelle ; mais, ce n'est pas du tout la même chose, une ontologie qui *tienne compte de l'intentionalité*, en tant que structure grammaticale de la question ontologique   condition de formulation de toute ontologie. Il n'y a pas, à côté de l'être réel supposé blanc (c'est-à-dire non concerné par l'intentio-nalité et caractérisé par elle de façon purement extérieure), ou à côté de cette part de l'être réel qui serait réputée ne pas être « en elle-même » intentionnelle, « l'être intentionnel ». Il y a, partout, l'intentionalité en tant que prise sur l'être, comme telle nécessairement située. Ce qui est qualifié intentionnel-lement de façon adéquate est. Mais cela ne veut pas dire qu'il soit intentionnellement, au sens d'une modalité d'être spéci-fique, cela n'aurait strictement aucun sens : ce qui apparaît dans la détermination intentionnelle, cela s'appelle tout simplement « être ».

En d'autres termes, un « trou », par exemple, ne relève pas d'un *genre* d'être différent d'un plein. Là où « il y a » un trou, c'est-à-dire là où il est pertinent d'employer ce terme, « il y a » un trou au sens même où, en d'autres contextes, on dira qu'« il y a » un plein. Il n'y a pas là, de chaque côté, des ordres de réalité différents (dans un cas, réel, dans l'autre, intentionnel, au motif qu'« il n'y a pas de manque dans les choses »), mais des *prises différentes sur la réalité, motivées par des contextes différents*, dans lesquels le « sens » de la réalité – pourtant également « réelle » de l'un à l'autre – n'est pas le même.

Pourtant, la tentation est grande, une fois qu'on a accordé sa portée réelle à l'intentionalité, en y reconnaissant l'articulation d'une prise sur le réel même, qui représente le réel pour ce qu'il est, de vouloir trouver à toute force dans le réel quelque chose comme une « image » de cette articulation.

Si la description d'une attitude comme courageuse a un certain sens et peut s'avérer parfaitement adéquate dans certaines situations – « il n'y a pas d'autre mot que cela : « courage », pour décrire ce que tu as fait ! » – cela veut-il dire qu'il y aurait une entité qui s'appellerait « le courage » et qui se promènerait d'une de ces situations à une autre, ou même des particuliers abstraits, tels que le courage de $x$, le courage de $y$, qui se ressembleraient d'une situation à l'autre, de telle façon que le descriptif y soit également « adéquat » ?

Une telle conception est évidemment fausse. Qu'y a-t-il de commun entre le courage d'Hector par exemple et celui d'Andromaque ? Ceux-ci ne consistent certainement pas à faire la même chose, et il serait aberrant de s'imaginer qu'on puisse trouver à ce titre, dans le comportement d'Andromaque, quelque constituant similaire à un constituant du comportement d'Hector. En revanche, leurs comportements respectifs, méritent l'un et l'autre, pour des raisons bien différentes, et en vertu d'aspects différents, le titre de « courageux ». La notion bien sûr ne s'applique qu'une fois engrangées certaines présuppositions et tenu compte de la particularité de la situation : dans beaucoup de circonstances (pas toutes, peut-être), on n'attend pas le même courage d'un guerrier ou d'une mère au foyer. Cette diversité d'ententes du mot « courage », qui ne remet pourtant pas en cause l'unité de sa signification – il fait ainsi partie de cette signification que, conjoncturel-lement, le mot puisse s'appliquer à des choses qui, sous un autre point de vue, seraient tenues pour très différentes – est un aspect de ce que nous nommons « intentionalité » de cette détermination. Le fait d'adopter un point de vue signifie aussi essentiellement se donner la capacité de voir, selon les circonstances, dans les limites où ce point de vue a un sens, une chose *ou* une autre comme étant du type de ce qu'on identifie ainsi. C'est précisément ce que manquent ceux qui veulent river dans l'être – cet être qu'elles ont vocation à mesurer – les intentionalités en exhumant comme objet propre de chacune d'elles une ou des entités indépendantes de l'exercice effectif de leur point de vue.

Une réponse possible apparemment consisterait à battre en retraite en direction d'ontologies moins richement intention-nelles. On pourrait invoquer qu'une détermination comme le « courage » est une détermination éminemment complexe et relative – encore qu'il est bien des cas où son emploi paraît s'imposer. On trouverait normal dès lors que, en l'occurrence, on ne puisse pas isoler d'entité fixe qui y correspondrait. Mais que dire par exemple du « noir de jais des cheveux des Japonaises » ? Une telle description paraît absolument adéquate : elle a une forme d'évidence phénoménologique. Ne peut-on pas, alors, isoler dans chacune de ces chevelures un

« trope » noir étincelant[1] qui fait que, dans chaque cas, la description « noir de jais » s'y applique ?

Pourtant, à ce niveau, de nouveau, surgissent différents problèmes.

Tout d'abord, que dire si, dans l'assistance, comme c'est très souvent le cas à Tokyo, une de mes belles Japonaises est teinte ? Le trope noir subsiste-t-il sous la teinture rouge ou bleue ? Peut-être, si cela a un sens de raisonner ainsi. Mais il sera tout sauf évident qu'il soit alors *adéquat* de décrire ladite chevelure comme « noire » : en toute rigueur, tout dépend du contexte et de la perspective selon lesquels la question est posée. Celle du coiffeur qui a à teindre les cheveux ? Celle de l'organisateur de défilés de mode ?

D'autre part et surtout, à supposer que les conditions soient réunies pour que la notion de « noir » puisse s'appliquer en un sens non équivoque à l'apparence extérieure de la chevelure – et peu importe que, dans certains cas, cet aspect résulte de manipulations – que veut-elle dire ici ? Est-ce donc que la chevelure de chacune m'apparaît uniformément noire ? Non, certainement : on sait bien que la réflexion de la lumière sur une surface éclairée est éminemment variable, et que, les effets nécessaires pour mériter le titre d'une « même » coloration, c'est-à-dire pour qu'il devienne pertinent de décrire ce qui est vu comme étant de cette couleur, sont tout sauf homogènes.

---

1. Au sens de ce *must* de l'ontologie analytique que constitue aujourd'hui la théorie des « tropes » (c'est-à-dire des particuliers abstraits entendus d'une certaine façon, suivant une logique de l'instanciation), au sens introduit par D.C. Williams, dans son article « The Elements of Being », *Review of Metaphysics*, 1953, p. 3-18 et 171-192; trad. fr. Frédéric Pascal, « Les éléments de l'être », dans Emmanuelle Garcia et Frédéric Nef (dir.), *Métaphysique Contemporaine*, Paris, Vrin, 2007, p. 33-53.

Cela ne veut pas dire que ce qui est vu n'est pas « noir » et que ce serait par simplification, par approximation, que nous l'appellerions « noir ». Non, c'est que c'est exactement cela, voir « noir ». Ce qu'on appelle phénoménologiquement le noir est ce qui se montre sous cette gamme de variations complexes.

En d'autres termes, il n'y a là encore pas un trait isolable qu'on retrouverait d'une expérience de noir à une autre. Ce peut être des choses très différentes pour une chevelure de se présenter comme « noire » (suivant l'éclairage, la position dans la salle par rapport au spectateur, la qualité même, variable, des cheveux, la coiffure, etc.) cela au sens pourtant « simple », unique et sans surprise d'être extérieurement de couleur noire.

On objectera probablement encore que, précisément, la couleur est encore typiquement une « propriété intention-nelle ». Les objets, en eux-mêmes, n'auraient pas de couleur, et ce n'est que cette « attitude » du sujet qu'on appelle « perception » qui leur en conférerait une. Nous reviendrons ultérieurement sur cette question. Pour l'instant, contentons-nous de demander ce que seraient donc lesdits objets « sans couleur » ? Ne seraient-ce pas, tout simplement, *d'autres* objets ? Une fois encore, ce n'est pas parce qu'une détermi-nation est intentionnelle – laquelle ne l'est pas ? – qu'elle ne touche pas la réalité en tant que réalité : c'est bien dans sa réalité que le ciel est concerné quand je dis qu'il est bleu aujourd'hui. Dans quoi d'autre le serait-il ? Mais, sans doute, précisément, à l'arrière-plan de cette objection trouve-t-on un malentendu quant à ce qu'il faut entendre ici par « détermi-nation intentionnelle » : comme si c'était la perception elle-même (et non la description de la perception) qui constituait une intentionalité et « représentait » l'objet comme « noir » ou « bleu ». Pourtant, lorsque nous parlons de couleur, en règle générale, c'est des choses que nous parlons – il est pertinent, sous certaines conditions, de les décrire comme ayant telle ou telle couleur – et non pas « simplement » de *la façon dont nous les percevons*. On peut donc, quoi qu'il en soit par ailleurs du rôle et du statut qu'il faut accorder à la perception, d'ores et déjà dire, à ce stade de l'analyse, que, en un certain sens, la couleur est une détermination comme une autre : de ces déterminations par lesquelles nous qualifions les choses.

Or, à partir du moment où on reconnaît le statut de *détermination intentionnelle* de la couleur, ayant vocation, comme toute détermination, à caractériser des objets réels, elle ne peut précisément pas constituer une « *propriété* intention-nelle »[1], c'est-à-dire un fragment de réalité qui se promène-rait d'une application de la détermination intentionnelle en question à une autre et constituerait le corrélat univoque d'une telle intentionalité. Cela a tout à fait un sens de dire que des cheveux donnés ont la *propriété* d'être noirs, au sens où c'est là un trait de leur être. Mais ce trait de leur être n'est nullement identifiable à « la même propriété » dans d'autres cheveux : l'attribution de la propriété (de la propriété *à la chose même*) suppose en effet à chaque fois un travail différent. La

---

[1]. La distinction que nous faisons ici entre « propriété » et « détermination » n'est pas sans rappeler Bernard Bolzano. Voir notre essai « Propriété et déter-mination : sémantique et ontologie chez Bernard Bolzano », *Philosophiques*, 30/1, printemps 2003, p. 137-148. Cet essai, en règle générale, n'a pas été très bien compris par des interprètes qui restent complètement étrangers au versant sémantique de la problématique bolzanienne et n'aperçoivent pas la coupure très ferme entre sémantique et ontologie qui traverse la *Wissenschaftslehre*. La métaphysique analytique est passée par là et elle a fait des ravages, rendant nos contemporains moins sensibles aux conditions mêmes du discours méta-physique (comme de tout discours) que ne l'était un métaphysicien aussi génialement scolastique que le logicien tchèque.

ressemblance des traits en question, en tant que ressemblance *normée*, est à l'arrivée, et non au départ : elle suppose l'intentionalité, loin de lui fournir son support. Ce qui se ressemble d'un certain point de vue ne se ressemble pas du tout d'un autre.

En un mot, il est de la représentation d'autoriser un certain bougé. Autrement, elle ne représenterait et donc ne qualifierait rien du tout. L'identification qu'elle opère est toujours conquise dans les différences. Même là où il s'agit d'une prise exercée sur un objet singulier en tant que singulier, alors le problème est, par exemple, de marquer l'identité de cet objet à travers le temps, de se mettre en position de l'identifier comme « le même » en des occurrences différentes. Or la différence des occurrences porte déjà par elle-même une différence. De plus, très souvent, celle-ci s'accompagne de toute sorte de micro-différences qualitatives. Suis-je le même qu'à mes vingt ans ? En un certain sens, oui, certainement ; en un autre, pas du tout. Tout dépend, comme toujours, ici de *ce qui compte*. La représentation est essentiellement ce qui peut prétendre surmonter ces différences en désignant l'objet comme le même *en dépit de* leur fait – ce qui veut dire qu'elle en tient aussi essentiellement le *compte* et les mesure car, en la matière, la tolérance a ses limites.

Faire droit à l'intentionalité, ce n'est donc en aucun cas ouvrir une nouvelle province de l'être – objets inexistants, objets vagues, objets spirituels, ou je ne sais quoi encore – comme un gisement oublié, c'est *ouvrir l'être tout court* : se donner les moyens de poser à chaque fois concrètement le problème de l'identification de ce qu'il y a. L'intentionnel n'est pas une dimension réelle mais idéale : il s'identifie strictement à la possibilité de représenter une chose donnée d'une certaine façon ou d'une autre. Cependant, les possibilités dont il s'agit alors sont des *possibilités réelles*, parce que lesdites façons trouvent leurs motifs respectifs dans la réalité. Il faut donc, à chaque fois, interroger les conditions réelles d'une telle idéalité.

Cela signifie donc que, si le réel ne se déplie jamais, et ne s'identifie, que sur un mode intentionnel, selon un certain format, ces identifications, loin de *permettre* un hypothétique contact avec le réel, *supposent* constamment celui-ci et ne prennent sens que sur son terrain propre : elles ne sont que la mise en scène (la « représentation ») des tournures que peut prendre celui-ci.

Là où se pose la question de la réalité (qu'est-ce qui est « réel » ou non ?), il faut se donner les moyens de la *reconnaître*, donc de la mettre en images ou en mots. Mais cela suppose précisément que nous y soyons, et nous n'avons certes pas à *reconnaître* le réel pour y être, ni même pour y faire toute sorte de choses. L'erreur serait de croire que le défaut de récognition nous reconduise à un monde « nu », dont la figure spectrale n'a pourtant de sens que comme négatif de cette récognition, et sur son terrain même – l'extensionalité n'est que l'envers de l'intentionalité, et ne bénéficie, par rapport à elle, d'aucune naturalité particulière. Ne peut être sérieusement présenté comme « privé de sens » que ce qui pourrait en avoir.

Cela semble pourtant demeurer une tentation philosophique permanente de faire porter à la réalité le poids de sa propre représentation, obnubilé que l'on est par ce qu'on continue à tenir pour l'énigme de la capacité de celle-ci à représenter la réalité (parce qu'on l'a séparée de sa propre réalité) ; et ainsi de confondre, toujours et toujours, la *réalité* et le *sens de la réalité*.

# Chapitre III

# LE CONTEXTE

Le principe du réalisme intentionnel, ou plutôt de la détermination intentionnelle du réalisme, tel que nous l'avons introduit, s'identifie essentiellement à un principe de *contexte*[1]. Il est temps de se demander ce qu'il faut entendre par là. Et, tout d'abord : *qu'est-ce qui est « contextuel »* ? C'est-à-dire : à quel niveau, dans un problème donné, cela a-t-il un sens d'appliquer cette détermination ?

Pour définir la forme de la difficulté, je partirai d'un exemple dont Jean-Yves Girard m'a donné l'idée[2]. L'étude de ce cas élémentaire aura une double portée.

Tout d'abord, incidemment, elle répondra à une objection classiquement faite au contextualisme par une certaine philosophie, comme quoi l'approche contextualiste serait pertinente

---

1. En un sens qui n'est pas celui du « principe de contexte » frégéen, ou, en tout cas, dont le lien avec celui-ci est beaucoup moins immédiat que ne pourraient en donner l'impression certaines présentations. Pour un lien différent avec Gottlob Frege, voir le chapitre VIII de mon livre *Sens et sensibilité*, *op. cit.*, « Circonstances et contexte ».

2. Voir Jean-Yves Girard, *Le point aveugle*, Paris, Hermann, 2007, t. II, p. 347.

quant aux énoncés du langage ordinaire, mais ne le serait pas eu égard à ceux des sciences, et encore moins à ceux dont est faite celle que cette philosophie se plaît à considérer comme la moins contextuelle, à savoir la mathématique.

Évidemment seul un non-mathématicien – et à vrai dire seul un philosophe – peut entretenir une telle représentation des mathématiques. Cependant, un petit exemple ne sera pas de trop pour en faire ressortir l'absurdité.

Ensuite et surtout, cet exemple nous permettra de lever une équivoque à propos de la notion de contexte, et de cerner plus exactement ce qui est « contextuel ».

La façon la plus naturelle d'additionner deux ensembles, c'est de les réunir au moyen de la réunion ensembliste, classiquement notée $\cup$. Alors, $\forall a \in A$, $\forall b \in B$, $a \in A \cup B$ et $b \in A \cup B$.

Il peut pourtant sembler que, d'un certain point de vue, cette réunion recouvre des cas bien différents – c'est-à-dire que *ce point de vue nous amène à distinguer* : celui où A et B ont une intersection, et celui où $A \cap B = \varnothing$. On sera amené à traiter ces cas comme différents là où on voudrait par exemple nombrer la réunion ainsi obtenue. En effet, si $A \cap B = \varnothing$, alors

$$\mathrm{Card}(A \cup B) = \mathrm{Card}(A) + \mathrm{Card}(B).$$

Cependant, là où $A \cap B \neq \varnothing$, ce n'est pas le cas.

Pourtant, tant qu'il n'y a pas de cardinal à calculer, les deux cas ne sont pas différents : il s'agit bien, dans un cas comme dans l'autre, du pur et simple « mélange » des éléments des deux ensembles, de façon à ce qu'ils n'en forment plus qu'un. Ce qui est caractéristique de l'*union*, c'est en effet qu'elle est formée par les ensembles *tels qu'ils sont*.

Si on veut retrouver la propriété d'additivité, il faut projeter A et B sur des ensembles A' et B' respectivement de même puissance qu'eux, mais par construction disjoints. On définit ainsi la *somme disjointe* de A et B, qu'on choisira de noter par exemple ⊔ :

$$A \sqcup B \simeq A' \cup B'.$$

On a alors :

$$\text{Card}(A \sqcup B) = \text{Card}(A) + \text{Card}(B)$$

puisque :

$$\text{Card}(A \sqcup B) = \text{Card}(A') + \text{Card}(B')$$

avec, respectivement :

$$\text{Card}(A') = \text{Card}(A) \text{ et } \text{Card}(B') = \text{Card}(B).$$

Quelle leçon philosophique tirer de cette manipulation ?

Elle relève certainement d'un geste très familier en mathématique, qu'on aurait envie, à première vue, de décrire comme une *décontextualisation*. La réunion n'est-elle pas une opération *contextuelle*, puisqu'un certain résultat qu'on peut lui associer dépend de la situation relative particulière des ensembles sur laquelle on l'effectue? Il semblerait donc qu'on ait dû la remplacer par une opération *décontextualisée*, puisque les résultats associés à cette nouvelle opération sont indifférents à cette situation particulière et valent quelle que soit la relation effective des ensembles donnés. Il serait typique de la mathématique, en ce sens, d'aspirer à des résultats acontextuels.

Pourtant, à y réfléchir, il y a quelque chose d'étrange philosophiquement à décrire la réunion ensembliste, en tant qu'opération de base dans notre problème, comme

« contextuelle ». La réunion de deux ensembles, ce n'est rien d'autre, nous l'avons dit, que l'union de leurs réalités telles qu'elles sont. Cette réalité est bien sûr à chaque fois particulière, et peut présenter, d'un certain point de vue, des cas de figure différents. Ces différences, cependant, ne concernent pas la réunion comme telle, qui, pour ainsi dire opère *en-deçà* d'elles. La réunion de deux ensembles n'est ni plus ni moins une réunion qu'il y ait une intersection ou non. Elle est ce qu'elle est, avec les ensembles tels qu'ils sont. *Il n'y a là aucun contexte (contexte de quoi ?) mais une réalité.*

Au contraire, l'institution de la somme disjointe suppose une certaine forme d'arrachement à cette réalité, puisque, au lieu de travailler directement sur les ensembles concernés, on opère sur eux *à une isomorphie près*. Il y a là certainement un des actes les plus fondateurs de la mathématique : l'adoption d'un point de vue structural, qui nous détache d'une certaine réalité afin d'obtenir une certaine opérativité. Au point de vue catégorique, qui est celui de la structure (celui des « morphismes »), somme disjointe et somme se confondent d'ailleurs purement et simplement.

Que signifie cependant ce passage au point de vue de la structure ? Tout simplement que ce qu'on obtient alors, contrairement à la simple réunion, a une valeur éminemment variable.

Si $A \cap B = \varnothing$, alors $A \sqcup B = A \cup B$.
Si $A \cap B \neq \varnothing$, alors $A \sqcup B \neq A \cup B$.

C'est donc en fait la somme disjointe qui s'avère principiellement *contextuelle*, puisque, d'un certain point de vue, sa signification change suivant la configuration réelle des ensembles auxquels on l'applique. Il y a des cas où elle s'identifie à la réunion, d'autres non. Dans le cas de la réunion, *dans le cadre du problème qui nous occupait*, il n'y avait pas l'écart nécessaire pour qu'il y ait de la contextualité : il y avait tout juste une réalité dont nous ne pouvions rien faire. Au contraire, la somme disjointe, par sa *neutralisation* apparente de l'intersection, présente un tel écart : ce qu'elle neutralise devient par là-même pour elle *contexte*, dont sa signification effective (en tant qu'appliquée à la « réalité ») dépend.

Ce que nous avons voulu mettre en évidence sur cet exemple, c'est que la notion de contexte n'intervient qu'en réponse à la prétention à une certaine *généralité*, que ce soit pour limiter ou pour qualifier celle-ci : soit qu'elle soit dénoncée comme non pertinente en certains cas, soit qu'on soit amené à réviser sa signification et à introduire des différences suivant ces cas.

L'exemple mathématique dont nous sommes partis ne doit cependant pas nous conduire à restreindre indûment le sens de cette généralité. Il ne s'agit pas nécessairement de celle qui s'applique à plusieurs objets, mais, de façon plus générale, de celle qui s'applique *en plusieurs occasions* – et qui peut être celle-là même de l'objet. En fait, en toute rigueur, toute forme d'identification – y compris les formes d'identification singulière – revêt une telle généralité. On y reviendra plus loin (*cf.* chapitre v).

Mais c'est dire aussi que, précisément en tant que générales dans leur ordre propre, les formes d'identifications singulières portent leur propre genre de contextualité. Ainsi, par exemple, peut-on s'interroger quant au fait de savoir si Excalibur brisée est toujours Excalibur. Même la signification d'un nom propre comporte sa part de contextualité – ce qui constitue, soit dit en passant, comme une contre-épreuve du fait que les noms propres ont bien une signification : pas de signification sans contextualité; mais aussi, inversement, pas de contextualité sans signification.

Ce qui n'a pas de signification, en revanche, n'est pas « contextuel », on ne voit pas en quel sens on pourrait le dire tel. Ce sont « les choses comme elles sont » – ce qu'on appelle aussi « la réalité », à un niveau d'application ou un autre de ce terme.

En ce point, cependant, semblent surgir des difficultés de deux ordres, bien que liées l'une à l'autre. La première a trait au type de rapport entretenu par ce que nous avons appelé la généralité et le contexte dans lequel on l'implémente. Comment celle-ci se contextualise-t-elle, fait-elle l'épreuve de ses limites ou de ses nécessaires variations d'usage?

La deuxième a trait au rapport de cette contextualisation avec ce que nous avons présenté comme la « réalité » sous-jacente. Nous avons parlé de « niveaux d'application » de cette notion de « réalité ». Comment celle-ci peut-elle avoir des « niveaux » – l'idée de *ce qui n'est pas contextuel*, dans un contexte donné, se voyant par là-même contextualisée – et que faut-il entendre par là? Suivant une formule qui cristallise la difficulté, *qu'est-ce qui compte comme réalité?*

À ces deux types d'interrogation, il serait tentant de répondre au moyen de la notion d'*interprétation*.

Ainsi, on pourrait dire que A⊔B doit être interprété d'une certaine façon là où A∩B = ∅, et d'une autre là où A∩B ≠ ∅. Évidemment une telle diversité d'interprétations est relative à une fin – en l'occurrence, l'évaluation du cardinal de A∪B.

Revenant au langage ordinaire, et à l'exquise sophistication de ses usages possibles (en l'occurrence il s'agira de celui de la *fiction dans la fiction*), on pourrait traiter dans des termes analogues l'exemple suivant. Dans *La donna della domenica* (1972), de Fruttero e Lucentini, l'héroïne, Anna Carla dit à son ami Massimo qu'ils doivent «*fare* fuori *il Garrone*». Ce propos, rapporté, suscite les soupçons du commissaire de police. En effet, *fare fuori*, en italien familier, c'est *to take out*: *descendre*. Et en effet, *dans une certaine entente* (*under a certain understanding*[1]), c'est bien ce que cette expression veut dire ici. Elle ne le fait cependant que dans un registre bien particulier puisqu'il s'agit de *fare fuori il Garrone* sur la scène du *teatrino privato* de nos deux snobs de la haute société turinoise, théâtre qui est purement conversationnel. Cela signifie juste que le Garrone n'est plus suffisamment intéressant pour qu'on en parle, voire qu'il est devenu fastidieux au point qu'il ne faille surtout plus en parler.

Ce qui fait la pertinence de l'exemple, c'est qu'il est clair que, ici, l'expression n'a pas changé de « signification linguistique». Son sens est demeuré le même. Pourtant, adoptant une terminologie purement conventionnelle, on pourrait dire qu'*elle ne veut plus dire* la même chose, et le commissaire à tort d'*entendre* ici un vrai meurtre. Même signification, mais ententes différentes, tel est le principe du contextualisme.

Ce qui rend l'exemple plus problématique, peut-être, c'est qu'il suppose une certaine forme de passage au régime de la *fiction*. Du point de vue de Frege et d'Austin comme d'ailleurs d'un point de vue ordinaire, on aurait envie de dire que l'énoncé d'Anna Carla ne doit pas être pris au *sérieux*. Un tel énoncé n'est pas «évaluable», et donc ne relève pas de la sphère de ceux auxquels devrait s'appliquer de façon pertinente la

---

1. Sur cette notion, empruntée à Charles Travis, voir le chapitre XII de *Sens et sensibilité*, *op. cit.*, «Le réalisme finitiste, ses limites et l'impossibilité de rester dans les limites».

ligne d'analyse contextualiste, qui renvoie précisément au caractère contextuel d'une *évaluation*.

Pourtant, est-ce si clair ? Cela ne veut-il pas dire quelque chose de bien précis, supprimer quelqu'un de notre conversation – le « tuer » symboliquement ? Il semble qu'il y ait là quelque chose de tout à fait évaluable, au sens où on peut juger si les interlocuteurs s'y tiennent par après ou non.

En admettant que cette analyse soit recevable et donc que notre énoncé *Facciamolo fuori, il Garrone!* appartienne bien au champ de pertinence d'une analyse de type contextualiste, n'est-il pas alors naturel de qualifier la méprise du commissaire dans les termes suivants : il a commis une *erreur d'interprétation* ?

L'énoncé, dans un contexte raisonnablement mafieux, a une portée non équivoque. En revanche, dans un autre contexte, tel que celui, passablement tortueux, représenté par les échanges d'Anna Carla et Massimo, il en a une autre. Tout se passe donc comme si, pour restituer sa portée exacte, il fallait compléter l'énoncé par quelque chose, par son contexte, dans une forme d'interprétation externe d'un signe en lui-même muet.

Or, même appliquée au point de vue de celui qu'on aurait envie d'appeler « l'interprète », à savoir le commissaire, il n'est pas sûr qu'une telle analyse soit absolument correcte. Elle le devient à partir d'un certain point, à savoir celui où la méprise commence à se manifester, et donc où prend corps une certaine opacité. Alors se pose la question de la *bonne interprétation* de l'énoncé, et donc, pour la première fois, de son interprétation tout court.

Au départ, dans la situation normale de réception, l'énoncé n'est pas interprété. Il est compris. Éventuellement *mal* compris donc *pas* compris, car la compréhension est toujours la possibilité, au moins théorique, de la mécompréhension, mais précisément cet échec n'a-t-il encore de sens que sur le terrain de la compréhension – non de l'interprétation, qui serait un autre problème. La question de l'interprétation ne se pose que là où se fait jour, en un sens ou en un autre, un *écart* épistémique entre le signe et sa portée, et où donc celui-ci est *à* interpréter. En d'autres termes, pour le dire dans les mots du *Tractatus*, là où il ne fonctionne pas (immédiatement, mais c'est redondant) comme *symbole*.

Là où, pour une raison ou pour une autre, on rencontre de la difficulté à faire fonctionner un symbole comme symbole, on est obligé de chercher en dehors du signe ce qui permet de comprendre comment celui-ci est utilisé.

Ici on peut trouver un premier emploi pour la notion de « contexte », comme recouvrant toute *donnée extérieure d'interprétation*. Par « donnée extérieure », il faut entendre alors ce qui constituait, au bon vieux temps, l'objet de ce qu'on appelait la « critique externe » en philologie – ce qui est extérieur au texte.

Il faut cependant remarquer qu'un tel contexte, symptomal, ne peut porter l'interprétation que dans certaines limites, et, comme tel, ne suffit pas à ses fins. L'interprétation, qui suppose une prise en charge *du signe comme signe*, donc dans son détachement toujours possible par rapport au symbole, si elle se distingue bien de la compréhension, qui est manipulation du symbole comme tel, n'a d'autre fin que la restitution d'une compréhension là où celle-ci n'était pas gagnée ou, pour une raison ou pour une autre, en péril. C'est dire que ce qui est visé par l'interprétation, c'est exactement un *vouloir dire* au sens où nous l'avons introduit, ce vouloir dire qui est en jeu dans l'usage effectif d'un symbole. Ce que l'interprétation doit prendre en compte, là où elle essaie de *reconstituer un sens*, ce n'est donc pas un pur contexte nu au sens d'une simple extériorité au sens, mais c'est un *contexte d'usage* : le contexte d'une certaine façon d'utiliser les signes (et donc de les qualifier comme symboles). Ce qu'il faut que le commissaire comprenne, c'est la *façon particulière* dont Anna Carla a utilisé l'expression *farlo fuori*. Or cet usage suppose en effet tout un contexte, mais qui n'est pas la pure neutralité des circonstances extérieures, dans leur casualité («ce qui arrive»), mais un scénario d'usage, *la scène de cet usage*. En l'occurrence, cette scène, c'est le «théâtre privé» de nos deux complices.

Maintenant, la question philosophique importante est celle du statut épistémologique de cette «scène».

Dans le cas où il y a interprétation, il n'y a pas de doute que cette scène doive être *thématisée* : sa reconstitution est en règle générale l'essentiel du travail de ce qu'on appelle «interprétation». L'interprétation n'atteint cependant son but que là où la scène n'est plus simplement objectivée comme une donnée extérieure au signe qui viendrait s'ajouter à lui arbitrairement, mais là où celle-ci est au moins conçue comme *la scène de cet usage* – c'est-à-dire ce qui est mis en jeu et sollicité par lui. Pour qu'un état de choses devienne contexte en ce sens-là, du point de vue de l'interprète, il faut au minimum que, à défaut que lui-même utilise les signes de la façon qui met en jeu ce contexte, il puisse *se représenter qu'on les utilise ainsi*.

Or *dans cet usage même* qu'alors il se représente, le contexte qui, comme tel, en est la condition, n'a pas, lui-même, besoin d'être représenté. Il est même en un certain sens exclu qu'il le soit – sinon, il s'agirait d'un *autre usage*, qui aurait lui-même besoin d'un contexte, différent (par exemple contexte d'analyse, ou précisément d'interprétation), pour fonctionner.

*Nous ne sommes pas, en règle générale, interprètes de nous-mêmes.*

Cette remarque nous conduit vers le point essentiel que nous voudrions mettre en avant, qui est celui de ce que nous appellerons *le silence du contexte*. Pour formaliser ce point, on trouvera des ressources dans le bel article d'Elizabeth Anscombe « On Brute Facts » [1], souvent mésinterprété.

John Searle notamment retire de cet article un principe de distinction ontologique, absolue, entre faits physiques et faits qui ne le seraient pas. Pour ma part, je ne pense pas du tout que ce soit alors le problème d'Anscombe. À bien lire l'article, il n'y a pas de faits qui soient « par nature » bruts. Un fait n'est jamais brut que relativement à une analyse, par opposition à d'autres faits qui, dans le cas précis envisagé, ne le sont pas, et la notion de « fait brut » a essentiellement une valeur grammaticale.

De quoi s'agit-il exactement ?

On peut partir d'une question très simple, du genre de celles que Searle sait si bien poser : en quoi consiste donc le fait que j'aie payé deux dollars à l'épicier ? En ce que je lui ai tendu un certain bout de papier ? Là-dessus, tout le monde, probablement, sera contextualiste. On dira : « oui, cela consiste bien dans ce fait *dans le contexte de nos institutions* ».

Or, en ce point, Anscombe fait une remarque grammaticale fondamentale. Cela consiste bien, en effet, dans ce fait *sous ce contexte* ; mais sous ce contexte, cela consiste *en ce simple fait et purement en lui*. Le contexte, ici (c'est-à-dire là où cela marche), ne fait pas partie de ce qui est *représenté*.

---

1. Elizabeth Anscombe, « On Brute Facts », *Analysis*, n° 18, 1958, p. 69-72.

C'est-à-dire, pour reprendre l'analyse d'Anscombe, que l'affirmation suivant laquelle je donne deux dollars à quelqu'un « ne contient [en rien] une description de l'institution de la monnaie, ni de la devise du pays »[1]. Pourtant, ce fait que constitue l'institution en question est bien ici sous-jacent. Simplement il est tacitement présent, à l'arrière-plan du fait que l'énoncé décrit, et tout se passe comme si l'énoncé faisait fond sur ce fait pour en saisir et en énoncer un autre – un autre dont le premier fait est la présupposition.

Ce sont de tels faits présuppositionnels qu'Anscombe appelle « faits bruts ».

Il faut bien sûr noter que, comme toujours là où il y a présupposition, en un sens ou en un autre, celle-ci peut, dans certaines circonstances, être remise en question, débusquée et au minimum délogée de son statut de présupposition. C'est ce qui arrive dans la conversation d'Anna Carla et Massimo : d'habitude, lorsque, sur un certain ton, on parle de tuer quelqu'un, en dehors de toute colère ou de toute plaisanterie directe, c'est pour de vrai, et cela suppose toutes sortes de choses qui vont avec une telle intention et constituent sa possibilité. Mais pas quand on est un snob turinois.

On entrevoit là *une face* du contextualisme : le contexte comme principe d'écart, d'éventuelle résistance à la norme et dérangement de cette norme. C'est le cas partout où le contexte devient « spécial » – ce qu'il ne peut être que par rapport à une norme préalable et où se pose la question de l'application de celle-ci, qui se découvre en défaut. Comme l'écrit Anscombe :

1. Elizabeth Anscombe, « On Brute Facts », art. cit., p. 69.

> Ce qui ordinairement revient à (*amounts to*) telle-ou-telle transaction est telle-ou-telle transaction, à moins qu'un contexte spécial ne lui donne un caractère différent [1].

Mais, d'un autre côté, ce n'est pas parce que le contexte n'est pas spécial qu'il n'y a pas de contexte. Celui-ci, simplement, du point de vue de l'observateur familier, ou de l'acteur le mettant en jeu (« comptant sur lui ») dans sa pratique, demeurera silencieux, *ne sera pas thématique en tant que contexte*. Il sera, pour ainsi, dire, « naturalisé ».

C'est en ce sens et en ce sens seulement – et non en quelque sens ontologique préconstitué et indépendant de l'usage considéré – que lesdits « faits bruts » peuvent être dits « naturels ». Un « fait brut », en ce sens, peut lui-même être éminemment institutionnel et l'opposition *ontologique* faite par Searle entre « faits bruts » et « faits institutionnels » ne tient pas. L'important est juste que, dans les limites où un certain fait fonctionne comme un « fait brut » (c'est-à-dire sous-jacent à d'autres faits), cette institutionalité n'apparaisse pas – qu'elle *aille sans dire*.

Le sens fondamental de cette « naturalité », c'est la fonction de *point d'arrêt*, d'*anankè stènai* aristotélicien, jouée par le contexte, refermant d'un coup la possibilité (« herméneutique », mais ce sens, qui est le sens originaire, du contexte nous confronte décidément aux limites de l'herméneutique [2]) d'une régression à l'infini. La pointe de l'analyse d'Anscombe réside dans le fait qu'il « n'est pas théoriquement possible de

---

1. Elizabeth Anscombe, « On Brute Facts », art. cit., p. 70.

2. Voir mon essai « Les limites de l'interprétation », à paraître dans le numéro spécial de *L'Art du comprendre* sur *Wittgenstein et l'herméneutique* (2011) dirigé par Christiane Chauviré.

se pourvoir à l'avance pour tous les cas extraordinaires ; car on peut toujours en théorie supposer encore un contexte spécial pour chaque contexte spécial, qui placerait ce dernier sous un nouveau jour » [1].

C'est dire que le contexte, en un certain sens, est ce dont on ne peut jamais annuler le risque, car il n'y a pas d'énoncé de fait (ou d'ailleurs d'imposition de quelque norme que ce soit, pas nécessairement descriptive, à un fait) qui ne demeure pas, irréductiblement, contextuel, donc vulnérable au changement de contexte.

C'est dire aussi, cependant, qu'il fait partie de notre usage du mot « contexte » que, *en général*, la question de ce risque ne se pose pas. Il est justement ce qui y répond, ou plutôt recouvre le fait que, dans la situation présente, nous n'ayons pas à nous la poser. Le contexte est ce qui fait la fragilité de nos prises normatives, mais aussi ce qui en fait la solidité et la détermination : ce sur quoi elles reposent.

Comme tel, il est aussi bien ce qui est *soustrait* à chaque fois à chacune de ces prises – ce qui ne veut pas dire qu'il ne puisse et ne doive pas, le cas échéant, faire l'objet d'une *autre* prise.

Le niveau des « faits bruts », en tant que ce qui doit être réuni pour que tel ou tel fait, objet de prise normative, puisse être le cas, mais qui n'est pas lui-même objet de prise normative (dans la même prise), est exactement celui de ce que nous avons appelé *la réalité*. Cette notion est donc une notion essentiellement logique, plus qu'ontologique : elle renvoie à *ce qui joue le rôle de l'acquis là où il y a contextualisation* – et

---

1. Elizabeth Anscombe, « On Brute Facts », art. cit., p. 70.

donc ce qui, dans la même opération de contextualisation, n'est pas contextualisé, mais *est le contexte*.

Cette réalité n'est pas ce qui est *interprété* comme réalité – interprétation qui supposerait elle-même l'arrière-plan d'un autre contexte – mais elle est ce qui est *accepté* comme telle, là où est appliquée une structure normative qui, comme telle, a besoin d'un contexte.

Cela ne veut pas dire bien sûr que, à son niveau de factualité propre – donc en tant qu'objet d'assertions et autres prises normatives possibles – cette réalité ne puisse et ne doive pas elle-même être déterminée contextuellement. Comme tout fait, elle devra l'être, mais *pas en tant que contexte*.

Ainsi dans notre exemple mathématique initial, nous avions insisté sur le fait que c'est la somme disjointe, en tant qu'opération structurelle à une isomorphie près, qui est contextuelle, et non la réunion, qui, d'une certaine façon, constitue une des *réalités* possibles de cette opération, donc un de ses contextes, en lui-même non contextuel : une des *situations* possibles dans laquelle la structure peut s'implémenter et revêtir une certaine portée, qu'elle n'aura pas dans d'autres contextes.

Cette naturalisation de la réunion, naturalisation nécessaire pour penser la somme disjointe depuis et par rapport à celle-ci, occulte bien sûr sa nature propre d'opération, à laquelle revient sa propre contextualité. S'il y a une « réalité » qui est en question là, c'est là *réalité ensembliste*, et il y a donc des conditions pour que la réunion soit possible : le bon fonctionnement des relations constitutives de ce qu'on y réunit, à savoir des *ensembles*. Il faut au premier chef que ce sur quoi on travaille soit tel que la relation d'*appartenance* ait un sens (*cf.* la définition de la réunion donnée plus haut). Mais c'est ce qui, au niveau supérieur, celui de la somme disjointe, est tenu pour acquis.

On n'a donc, comme partout, pas tant affaire ici à l'opposition du contextuel et du non contextuel qu'à *différents niveaux de contextualité*. Cependant, l'erreur serait de penser que ces niveaux soient cumulatifs et nous entraînent dans une régression à l'infini : car il est essentiel que ce qui, à un certain niveau, est contextuel, à un autre (en tant que contexte) soit *neutralisé en tant que contextuel*. C'est ce qui rend possible la contextualité – qui est elle-même ce qui rend possible le sens, c'est-à-dire le *sens effectif*.

Il n'y a de contexte que là où on rentre dans ce jeu normatif dans le réel que, en un sens où en un autre, on appelle « pensée ». Mais le contexte lui-même, en son sens originaire (c'est-à-dire en tant que ce qui, dans ces attitudes mêmes, *est repoussé comme origine*), est ce qui reste dans le silence, et reversé à un contact qui est d'un autre ordre que la norme.

# CHAPITRE IV

## LA PERCEPTION

Une étude plus attentive des conditions concrètes de ce qu'on appelle « intentionalité », comme de son « contexte » – c'est-à-dire des modalités selon lesquelles intervient celle-ci, en tant que « point de vue » – nous reconduit donc encore au même point : tout comme de « représentation », il n'y a d'« intentionalité » en général que sur le terrain du réel. Elle constitue toujours une certaine prise sur celui-ci, soumis à la norme d'une identification. Mais une telle prise elle-même ne s'effectue aussi qu'au sein du réel, et suppose un certain positionnement en lui. De ses conditions fait partie un certain ajustement pragmatique à la situation, correctement ou incorrectement effectué, dans laquelle celle-ci est instituée en *contexte*.

C'est donc dire que « l'intentionalité », ou tout dispositif représentatif qui la mettrait en jeu, loin de constituer la condition d'un « accès » au réel – comme s'il y avait lieu pour un tel accès – suppose au contraire, très fondamentalement, le *contact* avec lui et ne se déploie que sur la base de ce contact et pour ainsi dire à même lui. On pourrait dire, mais ce serait en soi la matière d'autres développements, qu'il n'y a pas d'intentionalité sans une certaine forme de *cheminement* à travers la réalité, et c'est là, dans les transactions effectives que nous effectuons au sein de celle-ci, en tant que transactions normatives, qu'il faut rechercher la figure des différents « contenus intentionnels »[1].

Mais alors, quelle est donc la nature de ce « contact avec la réalité » ? Comment la réalité est-elle donc *donnée*, sera-t-on tenté de demander, si, comme il semblerait que nous l'ayons suggéré, il faut déjà qu'elle soit « donnée » pour pouvoir être représentée, appréhendée, « pensée » ?

En vérité, une confusion très égarante se trouve certainement déjà lovée au cœur de ce genre de formulations. En effet, n'y a-t-il pas quelque illusion à dire qu'il faille être en « contact » avec la réalité pour pouvoir faire ceci ou cela – comme s'il s'agissait là pour ainsi dire d'un réquisit extérieur qui devait être rempli ? Car au fait, qu'est-ce que cela serait, *ne pas* être en contact avec la réalité (au moins en ce sens-là) ? D'autre part, il est aussi vrai que la métaphore du contact n'est probablement pas non plus la meilleure. Comme s'il y avait là lieu pour un contact à nouer, à réaliser – figure *d'un accès en quelque sorte immédiat, mais d'un accès tout de même*. En toute rigueur, nous ne sommes pas en « contact » avec le réel, cela ne veut rien dire : nous y sommes et en sommes, ce qui n'est pas du tout la même chose.

Enfin et surtout, dans le même sens mais peut-être plus grave, il y a cette notion de « donné », très discutable. Le réel est-il « donné » ? Il n'est vraiment pas sûr du tout qu'une telle métaphore, car c'en est une[2], ait un sens.

---

1. Voir mon esquisse de construction d'un tel sens, « pragmatique », de l'intentionalité dans *Sens et sensibilité*, *op. cit.*
2. Voir mon essai, « Critique du donné », *Archives de philosophie*, 73/1, 2010, p. 9-27.

Certes, il n'est pas absurde de dire que certains aspects particuliers de la réalité constituent autant de « données » du problème, là où il s'agit de construire une prise normative définie, un « point de vue » sur elle. De telles « données », cependant, n'interviennent que sur fond déjà là de rapport à la réalité et n'en constituent pas l'équation. Encore une fois, le genre de « problème » en question, si cela a un sens de parler ainsi, et cela en a probablement de multiples, se pose non pas en dehors du réel et en amont de lui, mais sur son terrain même.

Mais ce n'est de toute façon pas ce dont il s'agit, en général, lorsqu'on invoque la nécessité pour le réel d'être « donné » d'abord. L'important semble alors que si cette donation est faite prioritaire par rapport à toute forme de thématisation et identification qu'on pourrait en effectuer, elle n'en reste pas moins quelque chose qui, précisément, doit d'abord se *faire*. Or une telle chose a-t-elle à se faire ? *Pourquoi le réel devrait-il être donné pour que nous l'ayons* – ou, tout au moins, pour qu'« *il y ait* » le réel ? Faire comme si le réel avait à être *donné* d'abord pour que nous en disposions, pour que nous puissions nous prévaloir d'être en contact avec lui, c'est une fois de plus le placer sous le régime de la distance : non plus nous mettre à distance de lui, séparés que nous en serions par nos représentations et constructions, mais le traiter comme s'il était lui-même à une forme de distance intrinsèque, comme si c'était lui qui avait un chemin à parcourir – celui de son être-donné – pour se manifester et donc être attesté en tant que réel. Or, en vérité, depuis quelle distance pouvons-nous dire cela ? Sur quel fond le concept selon lequel quelque chose peut être traité comme « donné » ou non pourrait-il lui-même avoir un sens, si ce n'est encore une fois le réel, un réel qui est là et où nous sommes de toute façon, sans qu'il y ait de sens à dire qu'il est, en quoi que ce soit, « donné » ?

Sans doute ce qui devient là aussi bien vite la métaphore de l'*avoir*, que je suis tenté de mobiliser en alternative, a-t-elle elle-même ses défauts. Car la réalité n'est certainement pas en elle-même quoi que ce soit dont cela aurait un sens de dire que nous l'«aurions» au sens propre et fort du terme. Nous pouvons avoir certaines réalités, mais là encore c'est sur le fond de la réalité même, de la réalité qu'*il y a*, mais, dans «il y a», «avoir» n'a pas de valeur possessive, et le fait qu'il y ait la réalité ne veut pas dire non plus en quoi que ce soit que nous l'aurions au sens où nous la posséderions – ou d'ailleurs que qui que ce soit le ferait.

En un certain sens, on pourrait dire que l'article premier de tout réalisme, c'est la récusation d'une certaine interprétation de la devise de Tony Montana et ses amis : «*The world is yours*». Non, essentiellement, «le monde» n'a rien de «nôtre», et nous le dit encore moins[1]. C'est notre monde, certes, mais il n'est pas *nôtre* – même si, de ce point de vue, certainement, la notion de «monde» introduit déjà quelque chose de plus que la notion de «réalité». Bien sûr, dire que le monde est nôtre a un certain sens, un sens qui a trait à nos attitudes et nos comportements en lui (donc à *nous*, ou en tout cas au *nous* concerné), mais ce qui n'aurait pas de sens, ce serait l'interprétation métaphysique de la formule, suivant laquelle la réalité relèverait *intrinsèquement* de la catégorie de l'avoir.

Cela ne signifie pas que le réalisme s'identifie nécessairement à la mise en relief d'une supposée étrangeté du monde, comme ce que nous n'aurions *pas*. Pas plus que ce que nous avons, la réalité n'est essentiellement ce qui nous manque – nos avoirs comme nos pertes ou défauts ne

---

1. Soit dit en passant : *le monde ne parle pas*. Article deux de tout réalisme.

s'inscrivant eux-mêmes qu'au livre du réel, toujours présupposé. Le réel n'est, en ce sens, ni ce que nous n'avons, ni ce que nous n'avons pas, mais ce en quoi, entre autres choses, cela a un sens de dire que nous ayons ou n'ayons pas quelque chose.

S'il est tout de même possible de dire que nous « avons » le réel, c'est donc en un sens faible et pour ainsi dire minimal. Celui qui est en jeu là où on dit : « voyons donc ce qu'on a là ! », le « on » relativisant tout de suite le sens possessif qu'on pourrait être tenté de placer dans l'avoir. L'important est alors que, ce qu'on « a » en ce sens faible, il n'y aurait pas de sens à le décrire comme nous étant « donné », puisque, précisément, pour autant qu'on l'ait, on n'a certainement pas à l'obtenir et à attendre qu'on nous le « donne » en un sens ou en un autre, il n'est pas besoin d'une telle « donnée », et qu'on ne l'a pas non plus forcément au sens où on l'aurait si c'était réellement « donné », c'est-à-dire si cela devenait notre propriété. Dans la rhétorique de l'être-« donné », il y a en effet encore trop d'appropriation : du donner est toujours corrélatif un « faire sien ». Or il n'y aucun sens en lequel le réel en général soit, dans sa réalité, susceptible d'être dit nôtre de la façon dont cela aurait un sens qu'il le devienne s'il nous était « donné » – c'est-à-dire si la *métaphore* du « donné » avait un sens constituant.

La question se pose alors de savoir pourquoi une certaine épistémologie moderne tient tant à une interprétation constituante de cette métaphore. La réponse paraît évidente : c'est parce qu'elle part d'un point de vue dans lequel nous nous sommes fictivement placés infiniment loin du réel – comme si nous pouvions en sortir et la question se posait pour nous, de façon externe, de faire contact avec lui – qu'elle est conduite réciproquement à se représenter le réel comme infiniment loin de nous et à faire comme si celui-ci avait à franchir une forme de distance métaphysique pour venir jusqu'à nous. En d'autres termes, le mythe du donné est l'*envers du représentationalisme* : c'est parce qu'on se représente le réel comme atteint seulement *à travers* la médiation de représentations et en quelque sorte comme fondamentalement tenu à distance par elles, qu'on se figure que celui-ci ait symétriquement à se « donner » pour crever cet écran.

Pourtant, ce point n'est pas encore absolument clair. Que peut donc signifier cet « avoir », que nous opposons au représentationalisme, même fait minimal ? Et ne demeure-t-il tout de même pas tentant, au moins selon une certaine dimension, de caractériser celui-ci sous la figure du donné ?

Pour démêler plus avant cette question, il est indispensable de se pencher sur ce que nous entendons d'habitude par « perception ».

En vérité, ce choix lui-même pourrait bien encore avoir quelque chose de trompeur, et il répond donc de notre part en premier lieu toujours aussi au même désir thérapeutique de poursuivre et dissiper les illusions préjudicielles attachées à l'usage philosophique de certains concepts. Il n'est toutefois pas exempt de signification positive – signification qui, comme c'est souvent le cas, n'émergera cependant qu'à la faveur même de l'entreprise de critique conceptuelle.

Qu'aurait-il été tentant de dire, en effet ? Tout, avons-nous dit, n'est pas « représenté ». Plus et mieux : pour quoi que ce soit le soit, il faut que certaines choses ne le soient pas. Nous avons mis en évidence le caractère limité, et conditionnel, des dispositifs représentatifs et de ce qui s'y rapporte (l'intentionalité) – tout en soulignant également leur importance : il n'y a, en effet, pas d'autre moyen de déterminer la réalité, de l'identifier, qu'en usant de tels dispositifs, ou tout au moins en adoptant des attitudes dont il est essentiel qu'elles puissent se traduire dans l'usage de tels dispositifs. N'est-il pas tentant de dire alors que, pour que certaines choses puissent être représentées, il faut que certaines autres (ou, parfois, les mêmes) soient présentes, *donc, en un certain sens, « présentées »* ?

On ne s'attardera pas ici sur la question de savoir si on peut réellement sauver la notion de « présence » de toute exigence de « présentation » : dire que les choses sont présentes, n'est-ce pas déjà avoir pris la route qui conduit à s'interroger sur la possibilité de cette présence, sur *ce qui rend présent*, et à raisonner sur elles en termes de « présentation » ? Au moins dans un certain usage du terme, devenu central dans la philosophie moderne, c'est probable. Quoi qu'il en soit, concentrons-nous sur la notion de « présentation ».

Qu'est-ce que « présenter », *par opposition* à « représenter » ? Ce qui semble opposer un mot à l'autre, c'est l'absence de redoublement dans le premier cas. Nous avons insisté sur le fait qu'une représentation suppose toujours une forme d'écart, fût-il de la chose vue d'un certain point de vue à la chose vue sous un autre point de vue. La « présentation » serait au contraire cette monstration dans laquelle la distance s'abolit et dans laquelle on a affaire à « la chose même ». Là où la chose n'est pas représentée mais, précisément, comme on dit, « donnée ».

Or voici l'histoire que l'on pourrait raconter – et qu'en effet on ne s'est pas fait défaut de raconter, sous des formes différentes. *Il y a bien, apparemment, des expériences dans lesquelles les choses ne sont pas représentées, mais présentées, des expériences dans lesquelles « les choses mêmes sont données ». Celles-ci ont un nom : elles s'appellent « perceptions ».*

Cette affirmation du caractère non représentatif de la perception touche assurément quelque chose, et quelque chose

de très important. Cependant, le fait qu'elle dépende de la mise
en avant de la notion de « présentation », ou de quelque chose
d'équivalent, n'est pas sans soulever de nombreux problèmes.
En effet, la « présentation » peut-elle jamais s'entendre autrement que par rapport à la représentation : à la limite comme *la
représentation sans le redoublement*? À vouloir distinguer
la perception de la représentation depuis la représentation, on
en arrive souvent à la plus grande ambiguïté : il y a des façons
de dire que la perception n'est pas une représentation qui,
précisément, l'emprisonne conceptuellement dans le piège de
la représentation.

Avant d'entreprendre de clarifier plus avant ce point, il
faut relever que, de ce point de vue, le simple fait de se tourner
immédiatement vers la perception, là où il s'agit d'aborder
le réel en tant que *ce qui ne fait pas forcément l'objet d'une
représentation*, a en lui-même quelque chose de suspect.
Comme s'il fallait, une fois de plus, dans ce qui s'annonce
alors comme une *tentative* de sortir de la représentation
(comme si on ne se trouvait pas « dehors » de toute façon, dans
ce dehors même où est la représentation), trouver spéciale-
ment une adresse au réel ! Et comme si la perception constituait
précisément le chiffre de celle-ci. Alors on ne peut s'empêcher
de penser que, derrière une telle identification, il y a justement l'idée de la perception comme présentation, c'est-à-dire
comme ce qui nous « donne » ce réel – et est peut-être seule en
mesure de nous le « donner ».

Le risque, c'est, après avoir surmonté le mythe du réel
comme ce à quoi on n'aurait d'accès que représentationnel,
et dont on ne pourrait *donc* jamais être sûr, de retomber
dans celui d'un réel qu'il faudrait à tout prix pouvoir nous
« montrer » (ou pire : dont il faudrait qu'il « se montre ») pour
prouver qu'il existe. La perception, en son fond, fonctionnerait

alors comme une espèce de *vérification*. Une vérification dont il n'est pas besoin et dont l'idée, comme tout ce dont il n'est pas besoin en philosophie, crée la confusion plutôt que de nous avancer en quoi que ce soit. Mesurer les conditions, toujours réelles, de la représentation et de l'intentionalité (donc de ce pour quoi la *question* du réel peut se poser), comme nous l'avons fait, c'est se rendre compte qu'il n'y a pas à « prouver » le réel, qu'il n'y a pas même de lieu logique pour une telle preuve. Dès lors, la perception ne peut certainement pas fonctionner comme une « preuve » : elle n'a pas à le faire.

Il y a du reste un autre danger à chercher, sans même se le dire, de ce côté une preuve, que la perception serait supposée en mesure de donner là où d'autres dimensions de notre rapport aux choses paraîtraient, de ce point de vue, offrir moins de garanties. C'est de manquer et la variété de nos modalités de rapport au réel et le point auxquelles celles-ci, dans leur variété, se définissent pourtant bien uniformément comme des relations à lui, c'est-à-dire à lui en tant que tel, y adhèrent sans même qu'un seul instant son être-réel y soit en doute.

De ce point de vue, ce serait tomber dans une erreur dont la banalité n'atténue en rien la portée, que de considérer par exemple que le langage nous mette *moins* en rapport avec la réalité que ne le ferait la perception. En règle générale, l'usage des mots et, au-delà, nous l'avons vu, des symboles en général, suppose au contraire et met directement en jeu un tel rapport. Par exemple un acte aussi fondamental dans le discours que celui qui consiste à *nommer* un objet, au moins là où on le fait d'une certaine façon, suppose essentiellement la réalité dudit objet et s'en nourrit. Dans un certain usage canonique des noms, relativement central dans le langage ordinaire, le nom intervient en effet pour ainsi dire comme ce qui est posé sur une certaine réalité, et permet de s'y référer comme telle, y compris en dehors du contexte étroit où celle-ci a été rencontrée – ce qui ne veut pas dire qu'une telle prise identifiante, encore une fois, puisse jamais être libre de toute condition contextuelle : cet amas de cendres s'appelle-t-il encore Redpath ?

En général, le langage, loin de nous éloigner en quoi que ce soit de la réalité, représente un mode de contact avec elle, et n'est pensable que dans ce contact. La chose dont je parle est souvent, et même très généralement, tout aussi réelle que celle que je vois. Et surtout ma parole, lorsqu'elle est mise en œuvre d'une certaine façon, qui n'a rien de marginal, mais joue un rôle tout à fait central et canonique dans notre usage de la parole, est tout autant une relation avec la réalité de cette chose parlée que la perception ne l'est canoniquement avec celle de la chose perçue. Ce qui veut dire que c'est bien la réalité de cette chose qui est alors en jeu dans le discours, et qui l'est comme ce qui est alors « eu » : ce dont on part et ce dont il faut faire quelque chose (ce par rapport à quoi il faut adopter une position) et non ce qu'il faudrait constituer.

En un certain sens, on pourrait même être tenté de dire que le langage fournit un meilleur modèle que la perception de ce qu'est notre rapport fondamental avec la réalité, au sens exact où il est véritablement difficile de dire que le langage nous « donne » la réalité, précisément parce qu'il la *suppose* et nous confronte au plein *avoir*, non constituable et qu'il n'y a pas à constituer, de cette présupposition.

La difficulté, on l'aura compris, réside dans la tentation de faire fond, là où on appelle la perception en *témoignage* (comme si la réalité était quoi que ce soit dont il faille appeler des témoins), sur un concept de la perception à caractère évidemment épistémique. La signification exacte du mot « perception » est alors le fait même que la réalité doive être

« donnée ». Comme si, autrement, on la manquait. C'est-à-dire : *il y avait un sens à la manquer.*

L'idée d'une *fondation* perceptuelle du « réalisme » est donc pour le moins à double tranchant. Tant que par « primat de la perception » il faut entendre une primauté dans l'ordre de l'accès, qui, tout en qualifiant la problématique de l'accès (lui donnant une base perceptuelle), la légitime, l'idée pourrait bien avoir l'effet inverse de celui recherché, et, loin de nous rapprocher de l'expérience que nous avons de la réalité, nous en éloigner.

Cependant, plutôt que de rejeter purement et simplement cette idée d'un primat de la perception en matière de confrontation avec la réalité, il s'agit sans doute la réinterpréter. Car, à un certain niveau, il semble difficile de contester qu'elle ait un fondement : la perception, à défaut de notre unique modalité de rapport à la réalité comme telle, ne représente-t-elle pas une forme d'épreuve irréductible de notre appartenance à cette réalité, *tellement irréductible qu'il semble difficile de donner un sens à cette appartenance indépendamment de ce fait massif de la perception* (même si celle-là ne se réduit pas à celui-ci) ?

L'idée n'est pas alors que, « sans la perception, nous n'aurions pas la réalité », selon une formule dont on ne voit pas exactement le sens qu'elle aurait (qu'est-ce que cela serait, ici, être « sans la perception » ?), mais que le fait de la perception (c'est-à-dire que nous percevions) constitue une des dimensions mêmes du concept de « réalité » tel que nous le mettons en œuvre et l'appliquons. Ce qu'il faut entendre alors, c'est le caractère basal de la perception, entre autres choses, dans la définition même de la « réalité ».

Or, prendre la mesure d'un tel fait suppose précisément de surmonter une certaine conception de la perception qui est la conception épistémique, celle suivant laquelle le rapport perceptuel aux choses n'est pas aperçu comme un ingrédient du concept de « réalité » même, mais traité comme une certaine forme d'accès, privilégié, à ce que *par ailleurs* nous appelons « réalité ».

L'erreur, classique, consiste à croire que, pour que la perception soit de la nature d'une confrontation avec la réalité, il faut donc qu'elle soit une connaissance. Or, en son sens propre, la perception n'est certainement pas connaissance, mais une forme, particulièrement fondamentale, de *disponibilité* de ce qui, par ailleurs peut être connu. Sur la base de la perception, là où les bonnes questions sont posées, nous savons toute sorte de choses. Mais c'est une erreur de grammaire que de croire que ces choses, ce soit la perception qui les sache – c'est-à-dire que cela ait un sens d'appliquer le mot « savoir » à ce niveau, en dehors de la mise en œuvre de tout concept.

Un spectre hante les analyses philosophiques de la perception : celui de la séparation de la perception et de son objet. Comme s'il y avait d'un côté la perception, et de l'autre ce dont elle est perception, le *perçu*. Cette séparation a éventuellement pour objectif de mieux mettre en scène une réunion espérée : comme si, alors, en dépit de cet écart, la perception, finalement, rejoignait son objet, nous y donnait « accès ». Cependant cette image a décidément quelque chose de trompeur.

Pour le comprendre, essayons de mieux cerner la signification de cette détermination de l'expérience perceptive que la phénoménologie a mis au centre de ses analyses, et qui semble, de son point de vue, devoir constituer une forme de réponse à notre exigence selon laquelle, pour faire quoi que ce soit par rapport aux « choses », y compris les représenter, encore faut-il que nous les « ayons » ou que nous « ayons », au moins, certaines d'entre elles. À savoir que, dit-on, dans la perception, nous avons affaire à « la chose même ». Qu'est-ce qu'on veut dire par là ?

La formule est séduisante, mais elle n'est pas très claire.

D'un côté, elle renvoie à ce qu'on pourrait appeler l'*ipséité* constitutive du perçu. Le percevoir, c'est « l'avoir » dans le sens que nous avons évoqué. On ne parlera pas ici d'une « présence », qui renverrait constitutivement à la possibilité d'une absence, qui n'a que faire ici, mais plutôt d'une forme d'absoluité. Le perçu est un absolu au sens où ne peut pas s'en évader. De toute façon, on commence par lui, et avec lui. On ne peut pas faire comme si on ne l'avait pas. La question est plutôt de ce qu'on en fait. Pour le dire autrement : percevoir, c'est être de plain-pied dans la réalité et c'est avoir affaire à elle. La réalité elle-même. Quoi d'autre ?

D'un autre côté, la philosophie a une fâcheuse tendance à énoncer cette ipséité dans les termes d'une *identité*. C'est-à-dire à la qualifier comme étant bien « la même chose » que ce qui, par ailleurs, aurait été seulement visé, pensé, voulu. D'où l'idée que, dans ce cas-là, « les choses mêmes sont données ». C'est cela même qui était pensé qui maintenant est donné. Selon cette conception, la perception apparaît comme une forme de vérification. Il en résulte un concept purement épistémique de la réalité, entendue comme la satisfaction d'une norme.

C'est cependant faire bon marché du fait que les choses sont perçues avant d'être « identifiées » en ce sens-là et de ce que si, localement, la perception peut servir de vérification, ce n'est pas là son mode d'être premier, et de toute façon cette possibilité suppose précisément qu'elle soit déjà là, au départ, dans ce mode d'être premier.

En fait, une telle conception « vérificationniste » de la perception repose sur la confusion suivante : il est tout à fait essentiel à ce que nous appelons perception qu'il n'est pas d'autre description du perçu «comme tel» que celle qui consiste, contextuellement, à l'identifier d'une façon ou d'une autre, c'est-à-dire à le mesurer à une norme ou une autre, fût-ce celle de sa simple identité singulière; mais cela n'a jamais voulu dire que cette perception fût elle-même une identification. Le perçu, en vertu même de ce que nous avons appelé son «ipséité», qu'on pourrait aussi bien appeler «facticité de la perception», est tout simplement ce qu'il est. Simplement cet être, suivant le contexte, est précisément ce qu'on a à déterminer d'une façon ou d'une autre. Il n'y a jamais *une* description unilatérale du perçu. Mais il y en a, contextuellement, de plus ou moins adéquates. Certes, une perception est ce qui, conjoncturellement, peut vérifier une description. Mais c'est alors d'abord parce qu'elle est ce que, contextuellement, la description en question est apte à saisir.

En d'autres termes, l'erreur constamment commise par une certaine philosophie est de croire que la perception soit «vraie», alors que la perception n'est rien qui puisse porter ce genre de valeur, mais tout simplement, confrontation avec le réel – c'est-à-dire que c'est là ce que nous nommons habituellement perception.

«Réel», le perçu l'est d'abord et essentiellement au sens où il est comme il est, il a ce que nous avons appelé «ipséité». Ce qui est à prendre tel que c'est, n'est-ce pas en effet ce que nous nommons primairement «réalité»? Or telle est bien l'évidence du perçu, dont il est clair à ce niveau qu'elle joue un rôle décisif dans notre concept de «réalité», même si celui-ci ne s'y réduit pas.

Cependant cette réalité *intrinsèque* du perçu (qui renvoie à la constitution de notre concept de réalité plus qu'à ce qui serait une propriété dudit « perçu ») n'indique en elle-même aucune *vérité* de la perception.

En fait, pour comprendre ce que l'on suppose, là où on dit que la perception est « vraie », il faut considérer ce à quoi on oppose habituellement cette thèse et la représentation qu'elle vient donc corriger tout en empruntant évidemment quelque chose de ses présupposés. Qu'est-ce qui pourrait bien nous conduire à penser que la perception ne serait « pas vraie » ?

Le fait, sans doute, de la variabilité de l'objet perceptuel, suivant l'agent percevant, la nature et la qualité de ses organes récepteurs, ses dispositions internes, sa position relative à l'objet perçu, etc. Cette variabilité du perçu ne pointe-t-elle pas en direction de sa subjectivité, et donc de son irréalité constitutive ? L'objet réel serait censé se tenir au-delà de ces apparences.

Ainsi, le projectivisme constitue-t-il probablement la philosophie de la perception spontanée des modernes. De son point de vue, les cheveux des Japonaises ne sont pas plus « noirs » qu'autre chose. Il s'agit tout juste de l'effet qu'ils me font, et encore : de celui qu'ils me font sous certaines conditions. Tout au plus peut-on expliquer, en vertu de la présence de certains pigments, que l'objet produise en moi cette impression sous certaines conditions d'éclairage. Ou en tout cas on peut établir certaines corrélations expérimentales, qui permettent de prévoir le type d'impressions qui naîtront en certaines occasions. Il faudra de toute façon distinguer la réalité de l'objet, strictement physique (en l'occurrence : le pigment), et son apparence phénoménologique (la couleur, qui ne correspond pas de façon univoque au pigment, et dont cela n'aurait absolument aucun sens de dire qu'il « ressemble » à celui-ci).

Là-contre, ce qu'on appelle «phénoménologie» en général consiste à revendiquer la réalité desdites propriétés phénoménologiques, à dire que ce que je vois là est bien coloré, et non seulement produit en moi un effet de couleur.

De ce point de vue, il faudra dire que, en un certain sens, la thèse de la phénoménologie est la bonne, à ceci près que ce n'est pas une thèse et que la phénoménologie s'égare lorsque, à ce niveau, elle croit en formuler une.

En effet, il est bien vrai que ce qui est coloré, c'est l'objet même que je vois, et cela au sens, précisément, où voir c'est voir un objet, et non «avoir une impression d'objet». Dire ce que je vois, c'est renvoyer à un objet, ou en tout cas à quelque chose qui se situe du côté de ce qu'on appelle «objet» – par exemple une scène visuelle. Il y a là un trait grammatical du verbe «voir». D'un autre côté des déterminations comme celles de couleur portent clairement sur l'objet vu, viennent le qualifier comme tel en tant que précisément c'est un objet, qu'il est là, dehors, à portée de regard. Le noir que je vois est «là-bas», dans les cheveux des Japonaises. Là encore, il n'y a pas là à proprement parler une thèse – comme si le noir était «vraiment» là-bas et que nous l'ayons finalement découvert, comme si cela avait eu un sens de le chercher autre part. Il s'agit plutôt d'un *trait de grammaire* des termes de coloration. Ces termes sont faits pour être appliqués aux objets. Ainsi sont-ils utilisés.

Or, le point important est que là où ils le sont, ils peuvent l'être de façon adéquate, et comme tels, avoir exactement le format de ce qui cerne une réalité et la définit. Cela fait certainement une différence pour l'automobiliste si le feu est rouge ou vert, une différence qu'il serait très étonnant de ne pas caractériser comme «réelle». En elle réside la réalité même de la situation. Or cette différence se tient très exactement au niveau de la couleur des feux, cela n'aurait pas de sens que de creuser au-delà d'elle pour essayer de *retrouver* la réalité qui, de fait, y est dessinée. Nous regarderions d'un air étrange celui qui nous dirait : « as-tu vu, la lumière ne se réfléchit plus de la même façon sur cette lampe ? ». Ce descriptif ne saurait, dans le contexte considéré, être tenu pour plus réaliste que « le feu est passé au rouge ». Il le serait plutôt moins, c'est-à-dire moins adéquat à présenter ces choses auxquelles nous sommes confrontés dans la situation. Bien sûr, cela ne veut pas dire que le premier descriptif ne sera pas contextuellement plus pertinent, c'est-à-dire plus à même de cerner le réel, par exemple pour le réparateur de feu en train de le régler. Il n'y a pas de descriptif qui soit absolument, c'est-à-dire en dehors de toute situation, plus réaliste qu'un autre. En revanche, contextuellement, il y en a qui cernent plus ou moins bien le réel et font plus ou moins bien ressortir sa réalité.

Il y a toute sortes de situations où ce sont précisément les prédicats « phénoménologiques », c'est-à-dire ceux élaborés primairement en rapport avec notre perception, qui font, de la façon la plus pertinente, ressortir la réalité des choses. Cela ne veut pas dire que ce soit toujours le cas : il y a des cas bien sûr où il serait catastrophique de faire intervenir les déterminations phénoménologiques comme celles qui seraient déterminantes pour la fixation de l'identité de l'objet. Pensons par exemple à la mécanique quantique, dont toute représentation intuitive, faisant abstraction de son formalisme, est invariablement égarante. Cependant, on ne saurait en tirer la conséquence que les déterminations phénoménologiques n'ont *jamais* de portée réelle. Il est tout à fait évident qu'en de nombreux cas, elles en ont une, au sens où elles seront exactement celles qui nous servirons à identifier la réalité en jeu dans la situation. Elles représentent précisément des moyens de le faire, les moyens adéquats en de nombreuses circonstances.

Maintenant, il est certain qu'il y a un peu plus que cela. On ne peut nier que non seulement les déterminations phénoménologiques représentent un angle d'attaque souvent pertinent sur la réalité, mais que, dans l'ensemble de notre approche de la réalité, une certaine centralité semble même revenir à la perspective qu'elles paraissent déployer.

Là se situerait ce que nous appellerions « la vérité de la phénoménologie ». L'idée juste et profonde que l'on trouve chez Husserl dans la *Krisis*, c'est que l'expérience perceptuelle des choses, non seulement a une valeur réelle – c'est-à-dire est un lieu de détermination de leur réalité – mais, en un certain sens, constitue une source importante de notre concept même de réalité. Dans ce concept, il y a (entre autres choses, faudra-t-il dire, corrigeant peut-être sur ce point Husserl) le fait que nous percevons les choses. Se représenter l'idée de réalité indépendamment de cela, c'est très certainement l'expurger d'une de ses dimensions paradigmatiques essentielles. Sur quelle base l'idée de « réalité physique » est-elle élaborée, y compris là où elle conduit à une critique de la perception, c'est-à-dire à un décrochage par rapport à elle bien plus qu'à sa « correction », si ce n'est celle-là même ?

Pour le dire autrement, il fait partie de l'usage du terme « réalité » que, aussi et *d'abord*, nous appliquions celui-ci à des choses que nous percevons. Il y a, en ce sens, non pas une priorité épistémique, mais une priorité *grammaticale* du perçu dans le concept de ce que nous appelons « réalité ».

Cela ne veut pas dire que, comme pourrait en revanche parfois tendre à le faire croire l'approche phénoménologique, la chose « réelle » *soit* la chose perçue – j'entends : par opposition à d'autres états de la chose. De ce point de vue, la notion de « substruction » telle que Husserl l'emploie dans la *Krisis*, a pu parfois être mal comprise. Il ne s'agit pas de dire que les objets de la physique, en tant que mathématisés, ne soient pas les objets « réels », et qu'il faille purement et simplement inverser la prétention de réalité que la physique peut parfois formuler en faveur de ses objets à l'encontre de ce qu'elle semble alors dénoncer comme simples apparences perceptuelles. Il s'agit d'attirer notre attention sur le fait que les modèles mathématiques de la physique ne valent qu'en vertu de leur prétention référentielle, prétention qu'ils articulent suivant une modalité *sui generis*, qui est celle de l'*approximation*, et que celle-ci va à quelque chose qui, dans son principe, est « réel » au même sens où l'est ce qui est expérimenté dans la perception. En ce sens-là, la « chose physique » n'est ni plus, ni moins réelle que la « chose perçue ». Simplement, le format de prise sur le réel mis en jeu là où on mobilise un type de détermination ou l'autre, n'est pas le même et il importe à chaque fois d'en respecter les règles, ainsi que d'être attentif à la pertinence du format utilisé, compte tenu et de la relation effective dans laquelle on est avec les choses, et des questions qu'on se pose à leur endroit. D'un certain point de vue, il n'y a pas deux sens du mot « réel » – mais il y a une infinité de sens avec lesquels on peut et doit, contextuellement, l'approcher. Or, dans cet écheveau infini, il est plus que probable que ce qui relève de la perception joue un rôle insigne : il y a là une dimension basale de la construction de notre idée même de « réel » – telle même qu'elle peut être en jeu y compris là où il s'agit de ce qui ne serait pas, en propre, objet de perception. Il s'agit alors non plus d'une contrainte épistémique sur le « réel » (comme si celui-ci devait nécessairement « pouvoir être perçu »), mais d'un aspect de la grammaire même du concept de « réel » : qu'il soit essentiel à la définition de celui-ci qu'il puisse, *aussi et d'abord*, s'applique à ce que nous appelons « perçu ».

L'erreur d'une certaine phénoménologie, c'est donc d'avoir fait des déterminations phénoménologiques les « vraies » déterminations des choses (par opposition à d'autres), comme s'il y avait là une vérité *absolue* sur celles-ci. De ce point de vue, la phénoménologie peut être décrite comme l'envers du physicalisme : comme s'il y avait une façon exclusive de décrire « les choses comme elles sont ». Cependant, sa vérité est d'avoir mis en avant le caractère fondamental de l'expérience perceptuelle, en tant qu'expérience *de la réalité*, dans notre concept de « réalité ». Parler des choses réelles, c'est toujours, *aussi et d'abord* (même si *pas seulement*), parler des choses que nous voyons, touchons, goûtons, sentons et entendons.

Ce fait, qui est un fait de grammaire, ne doit cependant pas être mésinterprété.

Tout d'abord, puisqu'il s'agit d'un fait de grammaire, il ne s'agit précisément pas d'un fait réel – j'entends : d'un fait qui concernerait la réalité. Il touche le *concept de réalité*, et non la réalité elle-même.

En d'autres termes il n'y a pas de *matter of fact* dans une supposée découverte que, alternativement, les propriétés phénoménologiques seraient bien réelles ou bien que la réalité, finalement, les porterait bien. Ce que découvre simplement parfois le penseur, qui s'est mis en position de l'oublier, c'est que les prédicats correspondants sont, dans certaines situations canoniques, les prédicats adéquats. Ce à quoi il faut répondre qu'il n'y a là précisément rien d'étonnant (et donc aucun « fait » au sens matériel du terme) : ils ont été faits pour cela !

D'un autre côté, il faut se défier d'un malentendu qui pourrait naître de cette prise de conscience de la pertinence ontologique de tels prédicats (c'est-à-dire bien plutôt du caractère principiellement perceptuel d'une zone relativement centrale de notre ontologie), à savoir paradoxalement leur ignorance en tant que prédicats.

En d'autres termes, le fait que des déterminations perceptuelles constituent contextuellement, en particulier dans la vie ordinaire, très souvent des caractérisations particulièrement adéquates de la réalité, ne veut certainement pas dire qu'il s'agirait là de la réalité même – cette réalité même qui est alors «perçue». Il s'agit plutôt d'un certain type de caractérisation de cette réalité.

Cela signifie tout d'abord qu'il est essentiel à la chose perçue qu'elle puisse toujours aussi, et parfois contextuellement de façon plus pertinente qu'au moyen de déterminations perceptuelles, être caractérisée au moyen de déterminations qui ne seraient pas perceptuelles. Cette tache blonde là-bas est une étudiante en philosophie[1]. Cela signifie que je vois une étudiante en philosophie: contextuellement, si on me demande *ce que je vois*, il peut être et il est en règle générale plus pertinent de répondre que je vois une étudiante en philo- sophie qu'une tache blonde – cette dernière réponse ne vaudra guère que chez l'ophtalmologiste testant ma myopie[2] ou dans la bouche du peintre impressionniste qui considérerait la salle du point de vue de la matière chromatique qu'il y trouve disponible. C'est ne pas comprendre la logique même des

---

1. Je remercie Natacha d'avoir joué de bonne grâce ce rôle lors des conférences de Bruxelles. Il s'agissait, évidemment, d'un rôle logique.

2. Ainsi, Elizabeth Anscombe («The Intentionality of Sensation», dans *Collected Papers*, vol. 2, Oxford, Blackwell, 1981, p. 3-20) a raison: il y a bien un sens ophtalmologique de la vision. Mais cela ne prouve rien – en ce qui regarde une métaphysique, ou même une grammaire générale, de la vision. Car celui-ci, comme tout sens, est contextuel.

déterminations perceptuelles – qui caractérisent la chose-même, *comme ce qui peut être perçu ou non* – que de dire qu'une étudiante en philosophie, cela « ne se voit pas » (par opposition à la tache, qui, elle, se verrait).

Cela signifie aussi et surtout que, là-même où la détermination perceptuelle est pertinente, alors, comme toute détermination, elle peut être vraie ou fausse. Partout où on identifie, on peut échouer à identifier. Il ne faut pas confondre la perception et la mesure qu'on y applique. Ce n'est pas parce que celle-ci paraît naturelle qu'elle est toujours adéquate.

La difficulté semble alors la suivante : si la perception fait partie de la configuration, pour nous, du contour de ce que nous lexicalisons comme « objets » et en est, en un sens, une base de départ, comment pouvons-nous jamais nous trouver appliquer au perçu, en situation de le caractériser en tant que perçu, une détermination inadéquate ?

La situation à laquelle nous nous référons ici est évidemment celle connue sous le nom d'*illusion perceptive*. Il est important qu'elle s'énonce ainsi, dans les termes d'un certain type de caractérisation de ce qui est perçu – celle qui, contextuellement, prétend le saisir purement en tant que perçu. Il n'y a d'illusion que pour une telle *caractérisation*. Et en effet qu'est-ce qu'une illusion perceptive, si ce n'est *ce qui semble appeler une certaine caractérisation*, caractérisation qui serait cependant incorrecte ?

Du point de vue de la perception elle-même, il semble qu'il n'y ait pas d'illusion, mais tout simplement une perception. On perçoit ce qu'on perçoit. L'illusion commence là où on opère une certaine *identification* de cette perception, identification qui l'identifie à une autre – qu'elle n'est pas. En réalité, j'ai deux expériences bien disjointes. Dans un cas, par exemple, celle de droites légèrement convergentes. Dans l'autre, de droites parallèles symétriquement hachurées (illusion de Zöllner).

La différence est évidente, et réelle, puisqu'il s'agit de dispositifs différents : on ne peut assurément dire en aucun cas que, dans les deux situations, on voie « la même chose », puisque, dans la seconde, les droites ont de toute façon été l'objet d'une certaine action (on les a hachurées), et ont ainsi été transformées.

Mais alors, qu'est-ce qui fait que nous sommes pourtant pour ainsi dire irrésistiblement tentés d'assimiler une expérience et l'autre – donc de les identifier – et de ne les distinguer qu'en vertu de facteurs externes, comme si la différence ici était extérieure à la perception ? S'il y a bien une différence, et forte, entre les deux expériences, pourquoi cette différence n'a-t-elle pas été internalisée à la *grammaire* de notre perception ?

En d'autres termes, pourquoi, là où nous voyons des droites parallèles hachurées, ne mettons-nous pas en œuvre un concept spécifique pour identifier ce cas et sommes-nous tentés d'utiliser celui de « droites convergentes », qui, pourtant, au moins mobilisé selon un certain sens, est ici clairement inadéquat ?

Que dirons-nous, en effet ? Que ces droites « ont l'air » de converger, probablement. Ce faisant, nous ne disons certes pas qu'elles convergent. Cela, peu d'entre nous certainement le croiraient. Mais nous n'avons pas, apparemment, de concept autonome pour caractériser ce que nous voyons là. Tout se passe comme si nous étions obligés de le déterminer au moyen d'un concept constitutivement référé à un autre apparaître perceptif, et fondé sur le fait que celui-ci a été institué en norme.

Qu'est-ce qui empêche que « droites parallèles inversement hachurées » ne devienne lui-même un concept perceptif, identifiant de plein droit pour nous un certain état des choses, et, accessoirement, soit intégré à celui de « droites parallèles » ? (Qu'est-ce que des droites parallèles, si ce n'est aussi celles qu'on voit d'une certaine façon là où elles sont inversement hachurées ? Un certain concept de « parallèle » en tout cas supporte certainement ce genre de manipulations : il a été conçu pour leur être *indifférent*.) Rien, sans doute, si ce n'est la rareté et le caractère marginal de cette expérience qui, de fait, n'a pas joué de rôle dans la stabilisation pour nous du concept de droites parallèles tel que nous l'employons *phénoménologiquement*, c'est-à-dire en rapport avec les choses vues. En revanche, par exemple, il est indubitable que la convergence à l'horizon (celui de la route qui est devant nous) fait pleinement partie du concept de « parallèle » tel que nous l'employons ordinairement. Il en est un constituant phénoménologique essentiel. C'est-à-dire que ce n'est pas un résultat théorique tel que nous ayons besoin de la géométrie de l'infini pour l'établir, mais cela fait plutôt partie de l'arrière-plan sur lequel la notion naïve de parallèle fait fond et qui est compris dans les conditions de sa mise en œuvre ordinaire. Nous serions stupéfaits si on nous disait : « les bords de cette route ne sont pas parallèles ; regarde, ils se rejoignent à l'horizon ». Le fait de se rejoindre à l'horizon fait en effet partie du sens phénoménologique d'« être parallèle ».

En revanche, que dire dans le cas des parallèles inversement hachurées ? Tout ce qu'on pourra dire, c'est que ce cas n'a pas été prévu dans la détermination *phénoménologique* associée au mot « parallèle ». Est-ce à dire qu'on n'ait pas le droit d'appeler ces droites « parallèles » ? Il est assurément parfaitement légitime de le faire, mais alors, il faut remarquer que c'est en *une autre entente* du mot « parallèle » : ces droites sont en effet *géométriquement* parallèles, comme le prouverait la possibilité de transporter l'une sur l'autre par

translation, ou de tracer une droite qui les coupe toutes les deux
à angles droits.

Or, en un certain sens, l'erreur serait de croire que les
droites seraient donc *de toute façon* parallèles, en un sens
inconditionné, et que, simplement, tant que nous n'aurions pas
eu recours à une analyse de type géométrique, nous ne
l'aurions pas remarqué. Si par exemple vous me demandez un
papier peint à lignes parallèles pour votre chambre et je vous
fournis un papier portant un tel motif, vous n'estimerez pas
que ma réponse soit correcte. Il est clair que, contextuellement, ce n'est pas cela qui était entendu par « parallèle ». Il y a
des zones de pertinence pour le concept géométrique et il y en a
pour le concept phénoménologique.

Inversement, il faut se garder d'ignorer la nature
proprement conceptuelle du concept phénoménologique.
Celui-ci, dans son ordre propre, ne renvoie pas à la simple
facticité du perçu, mais déjà à une normation de celui-ci,
fondée sur la paradigmatisation de certaines formes d'expérience, faites canoniques. En un certain sens, on pourrait dire
qu'*il n'y a pas de concept phénoménologique* des parallèles
inversement hachurées : c'est précisément cette vacance qui
produit l'effet d'illusion d'optique, au sens exact d'une expérience qu'on ne sait pas bien qualifier, qui met mal à l'aise
– mais un tel malaise, précisément, est *conceptuel*.

Autrement dit, il y a des normes différentes : une
caractérisation phénoménologique (c'est-à-dire fortement
ancrée dans la perception, comme l'est notre langage naturel)
n'obéit pas exactement à la même grammaire qu'une caractérisation physique, même si l'une et l'autre communiquent.
Mais ce sont, les unes comme les autres, des normes, et en un
même sens. Il n'y en a pas qui nous fassent redescendre au
niveau d'un contact pré-normatif avec la réalité et il serait tout

à fait illusoire de lire ce contact lui-même comme *une autre identification* – c'est-à-dire autre que celle que peuvent nous proposer nos différentes batteries de concepts, ancrés ou non dans la perception.

Ainsi, par exemple, dans l'exemple du papier peint, il serait erroné de dire que les droites dans le motif ne sont *pas* parallèles – mais autre chose : disons *«parallentes»[1] («parallèles et convergentes»). C'est bien plutôt, et ce n'est pas du tout la même chose, qu'il n'est, contextuellement, pas *adéquat* de les dire «parallèles». Cela ne signifie assurément pas que, là où on se placerait *d'un autre point de vue*, il ne faudrait pas les dire telles. Le fait que la chose puisse, dans certains contextes, se dérober à une telle identification n'indique certainement pas, pour elle, en creux une identité *intrinsèque* qui serait «sa vraie identité». Toute identité qui lui échoie d'une procédure d'identification correcte et contextuellement adéquate est sa «vraie» identité. En revanche, il n'y en a pas qui soit indépendante de toute procédure et situation d'identification.

De ce point de vue, on peut certes imaginer qu'on élabore un concept spécifique pour saisir par exemple la situation étrange de ces droites que l'on sait parallèles à un certain niveau et qui pourtant, phénoménologiquement, défient notre sens ordinaire du parallélisme. On peut avoir besoin d'un tel concept précisément pour répertorier les illusions d'optique. «Tiens, voilà un cas de *parallentisme remarquable!». Mais cette mesure de la situation n'est après tout qu'une mesure comme une autre : elle la saisit selon un certain point de vue, et,

---

1. Nous notons en le préfixant de l'astérisque * le concept qui n'existe pas, ainsi qu'on le fait des formes incorrectes en linguistique.

selon ce point de vue, elle est du reste correcte ou incorrecte : je peux croire avoir affaire à un cas de parallentisme là où, en réalité, il n'y a rien de tel. Surtout, elle n'est pas plus *intrinsèquement* adéquate que les autres ; en vérité, on peut même dire que ses conditions d'adéquation sont extrêmement particulières : la vérité qui en résulterait serait en effet tout au plus « ophtalmologique ». Toute identification suppose une perspective et il n'y en a pas qui soit *essentiellement* adéquate – c'est-à-dire qui abolisse ses propres conditions en tant qu'identification.

De ce point de vue, il peut être intéressant de s'arrêter sur le traitement que Merleau-Ponty, dans la *Phénoménologie de la perception*, propose d'un autre exemple ultra-classique : celui de l'illusion de Müller-Lyer[1]. L'analyse du phénoménologue français est une des plus profondes qui aient jamais été avancées en matière d'élucidation du concept de « perception ». Ce qu'il aperçoit fort bien, c'est que celle-ci, en elle-même, ne peut être interprétée en termes de « vérité » – c'est-à-dire que *cela n'a pas de sens* de l'interpréter ainsi. Malheureusement, dans sa façon de le dire, il semble qu'il retombe finalement, retrouvant sous une autre forme le préjugé qu'il entendait critiquer, dans l'ornière qui consiste à faire alors de la perception le lieu d'une « autre vérité » – par opposition à celles qu'on produirait à son propos, c'est-à-dire qu'on lui appliquerait, par définition, « de l'extérieur ».

Merleau-Ponty synthétise ainsi sa perspective : « les deux segments de droite, dans l'illusion de Müller-Lyer, ne sont ni

---

1. Son analyse propre de l'illusion de Zöllner, dans *Phénoménologie de la perception*, Paris, Gallimard, 1945, p. 44-45, du reste, irait dans le même sens.

égaux ni inégaux »[1]. La justesse de l'analyse réside alors dans le refus de l'idée que la perception, à défaut de nous présenter les deux flèches comme égales – ce qu'elles sont en effet, d'un certain point de vue : celui qui se donne les moyens de mesure adéquats peut le vérifier ; mais ce dont « elles n'ont pas l'air » – nous les présenterait pour autant « inégales ». Une telle alternative, dit le philosophe, appartient au « monde objectif ».

Et en effet, le fait qu'on éprouve une résistance à qualifier les deux flèches d'« égales » (elles « n'en ont pas l'air ») ne veut pas dire qu'il devienne adéquat de les qualifier d'« inégales » au sens correspondant du terme. Plutôt que d'une telle réévaluation du contenu jugé, il s'agit de la remise en question, ici, de l'adéquation d'un tel contenu. Celui-ci, en réalité, reste inentamé. Du point de vue où cela a un sens de mesurer la longueur des deux traits – par translation de l'un sur l'autre par exemple – ils sont bien égaux. Simplement, au niveau phéno-ménologique, cette égalité ne « compte » pas, ne fait pas partie de ce qu'on place sous la notion intuitive d'égalité, là où, par exemple, il s'agit d'estimer des grandeurs géométriques « à vue de nez ».

Ce qu'on pourrait donc être tenté de dire, c'est que les deux traits, « en eux-mêmes », ne sont ni « égaux », ni « inégaux ». Et si on veut dire par là que ce n'est pas dans la perception, mais dans sa *mesure* (ce qui suppose la possibilité d'une mesure), qu'on trouve l'égalité ou l'inégalité, assurément c'est exact.

Il est cependant possible d'entendre la formule en un autre sens. C'est-à-dire de faire comme si, puisque c'était en tant que mesuré que le perçu « devenait » égal ou inégal, en lui-

---

1. *Phénoménologie de la perception*, *op. cit.*, p. 12.

même il serait *autre chose* qu'égal ou inégal. Et c'est en effet ce qu'essaie d'accréditer l'analyse merleau-pontyenne à sa manière, en se livrant à un plaidoyer pour un « sens positif de l'indéterminé ». Le perçu, dont l'illusion de Müller-Lyer devient ici le paradigme, serait en lui-même « indéterminé », au sens où il défierait intrinsèquement les catégories de la pensée objective.

Or, s'il faut tout à fait reconnaître qu'il arrive que cela n'ait pas de sens d'appliquer à un certain perçu, là où on s'intéresse à lui d'un certain point de vue, lesdites catégories, il faut tout d'abord souligner que ce n'est évidemment alors pas le cas à *tout point de vue* : les flèches de Müller-Lyer sont en réalité parfaitement mesurables, comme n'importe quel trait ; simplement cette mesure ne rend-elle pas compte d'un aspect de ce perçu qui peut être important pour nous esthétiquement (nous l'utilisons dans un dessin), psychologiquement (nous le trouvons déroutant), etc. Ensuite, il faut souligner que ce qui peut passer à ce niveau pour une indétermination, renvoie en fait bien plutôt à une autre détermination : les flèches de Müller-Lyer ne deviennent *positivement* « ni égales ni inégales » précisément que si nous les regardons d'un certain point de vue. « En elles-mêmes », il faudrait plutôt dire qu'elles sont ce qui est égal si on le considère sous un certain point de vue, ce qui ne l'est pas (sans, toutefois, être pour autant « inégal » à proprement parler) si on le considère sous un autre. À chaque fois, le descriptif donné, s'il est correct, les cerne bien exactement pour ce qu'elles sont. Elles sont donc toujours, de quelque point de vue qu'on les considère, soit « égales », soit « pas égales », soit, peut-être, « autre chose » au sens de quelque chose qui n'a pas primairement à voir avec l'égalité ou l'inégalité, mais *jamais « indéterminées »*. Le fait que leur détermination soit par définition perspective ne la rend pas

moins réelle. Mais, comme tout réel, elles doivent être consi-
dérées dans une perspective ou une autre et c'est, à chaque fois,
au sein de celle-ci que peut être déterminée leur réalité. Le
perçu, visage parmi d'autres (mais très essentiel) du réel, peut
toujours être déterminé d'une infinité de façons ; mais cela ne
veut pas dire qu'il soit « en lui-même » indéterminé au sens de
ce qui serait au-delà de ces déterminations : il est, à chaque
fois, exactement ce qui est déterminé par chacune de celles-ci,
à condition qu'elle soit, dans le contexte donné, « adéquate ».
Pas plus qu'une détermination absolue du perçu, il n'y a donc
d'*indétermination absolue* de ce perçu. Tout au plus des
façons réellement différentes et qui, chacune, ont leurs motifs
propres, de s'y orienter.

La perception, en un certain sens, fait partie de ce genre
de choses *en*-deçà de quoi cela n'a pas de sens de vouloir
remonter. En ce même sens, plutôt qu'accès à la réalité, elle
n'est rien d'autre qu'une des figures de la préséance de cette
réalité. Les flèches comptées comme « ni égales ni inégales »
ne sont ni plus ni moins réelles que là où elles sont comptées
comme égales (ce qu'elles pourront être par construction). Il y
a là simplement autant d'*aspects* de leur réalité. Mais ce qui
importe, sur ce terrain comme ailleurs, c'est précisément
l'aspect qui, en des circonstances définies, *compte* de cette
réalité, c'est-à-dire que cela a ou non un sens de compter en
elle. Il n'y a pas d'autre adresse du « réel ».

# Chapitre v

# LA PENSÉE

Maintenant, compter la réalité, c'est toujours adopter par rapport à elle une attitude pourvue d'une certaine généralité. N'y a-t-il pas là une difficulté ? Une exigence qui écarterait fondamentalement ce qu'on appelle « pensée » d'un côté, et le réel de l'autre ?

Dans ce chapitre, je vais revenir sur ce problème, qui était au centre de *Concepts* [1], mais en adoptant sur lui une perspective un peu différente. Il s'agira ici de poursuivre et mettre en évidence le sens *réel* de ladite « généralité de la pensée ».

C'est, certainement, une idée commune qu'à la pensée est attachée une certaine forme de généralité.

Une certaine interprétation de cette généralité débouche classiquement sur une aporie. Si par généralité on entend ce qui concerne plusieurs individus, ou un individu indépendamment de son individualité, on peut douter que la pensée, en tant que générale, soit jamais capable d'appréhender quoi que ce soit de singulier en tant que tel. Nous n'aurions de pensée, donc de connaissance, que du général comme on dit.

---

1. Jocelyn Benoist, *Concepts. Introduction à l'analyse*, *op. cit.*

Or, il y a quelque chose de frustrant et de problématique dans une telle idée. En effet, si, comme on l'accorde généralement, le réel est essentiellement singulier – ce qui, comme toutes les propriétés qu'on répute essentielles, pourrait constituer un trait grammatical bien plus que métaphysique – ne faut-il pas, dès lors, se résigner à une sorte de fossé épistémique entre la pensée et ce qu'il y aurait plus proprement à penser, à savoir ce réel ? Comme si ce qu'il y a le plus proprement à penser, ce qui donne à la pensée son terme « réel », était justement ce qu'on *ne peut pas* penser.

Une représentation de la pensée qui conduit à une telle aporie est suffisamment paradoxale pour qu'il ne suffise pas, contre elle, d'établir l'existence de pensées se rapportant bien au singulier comme tel, et même que, en un certain sens, un tel geste, par ce qu'il partage avec la position qu'il récuse, ne soit pas contre-productif. Il faudra, en dernier ressort, au-delà du cadre scolastique de la discussion quant à l'existence ou non de « pensées singulières », s'interroger sur le type d'attente placée dans le concept de pensée qui nous met en situation de poser cette question et de traiter comme un problème la possibilité de pensées que, de toute façon, nous *avons*. Car, en un certain sens, à ce niveau aussi, la notion d'*avoir* peut s'appliquer. Cependant cette communauté superficielle de grammaire n'identifie certainement pas un niveau et l'autre : celui de ce qu'on appelle « pensée » et celui dont participe ce que nous avons appelé « perception » et que nous pourrions nommer « expérience » en général.

Au concept de « pensée », assurément, est constitutivement attachée une exigence de généralité. Penser une chose c'est la déterminer, lui assigner une certaine identité. De ce point de vue, *avoir une expérience* n'est pas encore avoir une pensée :

celle-ci commence là où nous donnons à l'expérience une signification – là où ce à quoi nous avons affaire se voit *déterminé* comme tel ou tel.

Il y a une dizaine d'années, j'entrai dans la cathédrale de Naples le premier samedi du mois de mai. J'assistais alors à une scène dont je ne devais comprendre la signification que plus tard. Dans les jours qui suivirent, j'y *pensais* à plusieurs reprises comme à la scène un peu énigmatique qui m'était tombée sous les yeux alors que j'arrivais dans la ville. Il s'agissait bien cette fois d'une *pensée*, et cette caractérisation purement biographique et expériencielle était déjà un rudiment de signification. La preuve en est que je peux me référer à la scène en ces termes et que vous me comprenez. Puis, on m'expliqua, et je sus que j'avais assisté – sans le savoir – au *miracle de saint Janvier*. L'expérience n'en était pas changée – il était trop tard pour cela – mais ma pensée de ce que j'avais vu était plus exacte et précise : ce que j'avais vu avait ainsi gagné en détermination.

Or là où une chose est déterminée, n'est-il pas toujours possible en droit qu'une autre le soit de la même façon ? Il n'y a pas un seul miracle de saint Janvier, mais – en théorie – celui-ci se répète à date fixe trois fois par an depuis une époque vénérable. Il y a donc beaucoup d'événements différents auxquels, pour employer un vocabulaire classique, je peux appliquer le *concept* de « miracle de saint Janvier ».

On trouverait là une première figure de la généralité de la pensée : celle suivant laquelle une pensée est générale dans la mesure où *elle peut s'appliquer à plusieurs objets*.

Il est à noter que cette possibilité est purement théorique. Il n'est nul besoin que plusieurs objets satisfassent *effectivement* les conditions constitutives d'une certaine pensée pour que celle-ci ait cette forme de généralité. Le miracle de saint Janvier peut ne s'être produit qu'une seule fois, cela n'empêche pas de nourrir un concept du « miracle de saint Janvier » (c'est-à-dire de ce miracle *en général*), concept peut-être nécessaire pour *penser* ce miracle y compris en son occurrence alors unique. L'important ici, c'est le « en général », « *überhaupt* » qui semble devoir accompagner chacune de nos pensées. Penser quelque chose, c'est s'y rapporter sous l'espèce de la généralité, comme une chose qui, même si, de fait, elle ne se présente pas en plusieurs exemplaires, *pourrait* se présenter de façon analogue en d'autres exemplaires. La possibilité qui est en question alors est la possibilité *logique*, celle-là même de la pensée. Telle est la généralité de ce qu'on nomme « concept » au moins dans une certaine tradition – kantienne.

Pourtant la tradition même qui fait du concept une « représentation générale » en ce sens-là a reconnu l'existence, marginale, de *concepts singuliers*. Il y a des concepts qui, non seulement de fait, mais en vertu de leur constitution logique, ne *peuvent* se rapporter qu'à un seul objet. Ils sont, en effet, pour ainsi dire, faits pour cela. Dans cette catégorie, on rangera par exemple les concepts des *extrema*, qui caractérisent la limite inférieure ou supérieure d'une classe donnée à laquelle on applique une relation d'ordre. Le concept de « la montagne la plus haute » renvoie constitutivement à une et une seule montagne : il l'isole et la distingue de toutes les autres.

Évidemment, ce genre de détermination n'est opératoire que si on suppose que, dans la réalité, est exclue l'égalité parfaite ou en tout cas l'égalité selon l'échelle de mesure mise contextuellement en jeu. Si de ce point de vue il y avait deux montagnes méritant le titre de « montagne la plus haute », le concept de « la montagne la plus haute » serait tout simplement vide. En revanche, là où le concept s'applique, il porte en lui-même la garantie de l'unicité – de la singularité, mais est-ce la même chose ? – de son référent. Il le fait en vertu de son caractère superlatif.

D'un autre côté, si un tel concept caractérise quelque chose qu'il faudra dire *par définition singulier*, le fait-il vraiment différemment des autres concepts, en droit applicables à une pluralité d'objets ?

Certainement non, à telle enseigne qu'il y a bien une certaine forme de généralité de tels concepts en un sens qui n'est pas fondamentalement différent du précédent. « La montagne la plus haute » peut se décliner comme « la montagne la plus haute sur la terre », « la montagne la plus haute sur la lune », ou d'ailleurs temporellement : la montagne la plus haute d'aujourd'hui n'est pas celle du Jurassique. La détermination demeure valable et, dans des contextes différents, peut s'appliquer à une chose ou une autre.

Évidemment, on dira que cette généralité disparaît là où on absolutise la détermination : là où il s'agit de « la montagne la plus haute qui ait jamais existé et qui existera jamais, à quelque endroit que ce soit ».

Une telle détermination *absolue* soulève un certain nombre d'interrogations. Il est possible qu'elle n'ait purement et simplement pas de sens – serons-nous toujours au clair sur ce qu'il faudra entendre par « montagne », et la hauteur des montagnes sous-marines par exemple comptera-t-elle ? Il reste que, de toute façon, dans son principe, même si son caractère univoque – et donc absolument singularisant – était acquis, le principe en vertu duquel elle capturerait cette singularité qu'elle désigne ne serait pas dans son essence différent de celui en vertu duquel les concepts ordinaires, ou supposés tels, s'appliquent potentiellement à de multiples objets. Ce serait un objet singulier et lui seul qui serait caractérisé par un tel concept idéal ; mais au fond, qu'est-ce qui aurait *logiquement* empêché que la caractérisation avancée ne s'applique à un autre objet *plutôt qu'*à celui-là ? Aucune montagne n'est *de droit* la montagne la plus haute, même si de fait une l'est.

Bien sûr, le problème est différent là où il s'agit dune détermination *a priori*, comme lorsque, en mathématique, *on se donne* « le premier entier pour lequel $n^2 > 10^{537}$ ». Dans ce cas, la détermination singularisante *a priori* n'est ouverte à aucun autre objet que le nombre en question, tout simplement parce que celui-ci est le nombre qui est *construit* de façon que le concept soit satisfait. Une telle détermination n'a, en ce sens, aucune « généralité » : elle ne pourrait pas s'appliquer à autre chose qu'à ce à quoi elle s'applique. Mais s'applique-t-elle *réellement* à quelque chose, c'est-à-dire à autre chose qu'à ce qu'elle-même aurait constitué ? Il y a là, tout au moins, un sens bien particulier de l'« application ». Bien sûr, le problème est différent là où le même nombre est retrouvé par ailleurs par un autre chemin de calcul, et où se pose la question du *recoupement* de deux déterminations – et donc d'une véritable *identification*.

Le vrai problème, là où est mise en doute la capacité de la pensée à se rapporter à la singularité comme telle, ne doit de toute façon pas être confondu avec celui de la capacité de la pensée à *construire* la singularité. L'enjeu, plutôt, c'est la capacité de la pensée à capturer et cerner adéquatement une singularité qu'elle n'a pas faite, la singularité de ce qu'elle rencontre, purement et simplement ou, plus exactement, de ce que *nous* rencontrons – car la pensée, « en elle-même », bien sûr, ne rencontre rien.

De ce point de vue, il faut remarquer, en premier lieu, qu'il est tout à fait possible de faire dans une certaine mesure de la singularité de ce qui est, le matériau d'un concept « général » au sens qui a été jusqu'ici exploré – c'est-à-dire pouvant, *en droit*, s'appliquer soit 1) *à plusieurs choses* soit 2) *à une chose ou une autre*. C'est ce qui se passe là où sont mis en œuvre des *concepts paradigmatiques*, qui font d'un objet singulier une instance typique, à la norme de laquelle sont mesurés les autres objets. Selon le fameux exemple frégéen, « Trieste n'est pas une Vienne ».

On aurait tort ici de croire qu'une description puisse constituer un équivalent exact de l'usage prédicatif du nom propre. Bien sûr, au mot « Vienne » est probablement attachée ici, dans l'esprit de Frege, l'idée d'une grande ville, de la capitale d'un grand empire opposée à une ville de province qui prétend, de ce point de vue, plus qu'elle ne peut tenir. Cependant, l'énoncé dit à la fois beaucoup *moins* et beaucoup *plus* que cela : 1) en un sens une forte indétermination semble affecter l'idée d' « être une Vienne » (de quel point de vue, et en quel sens ?) ; 2) en un autre, avec cette idée, c'est une figure très concrète et déterminée qui s'impose à notre esprit : celle de la Vienne réelle, dans le contexte de l'empire austro-hongrois de l'époque, et non celle, abstraite, d'une simple « grande ville », ou même d'une « capitale ». Toute la question est de savoir comment, contextuellement, cette figure est *utilisée*, mais c'est bien elle qui l'est. Il est clair qu'il y a une saveur propre de ce genre de concepts qui mettent en jeu une singularité comme telle, la rendant exemplaire, en faisant un *type*. En effet, c'est bien en tant que la singularité qu'elle est, donc aussi avec son mode de présence qualitative absolument singulière, que la singularité peut alors fonctionner comme norme.

Il est facile de construire ainsi de nombreux concepts analogues à « l'être une Vienne » frégéen. Par exemple, celui d' « être un Sarkozy », sur lequel, profitant de l'ambiguïté inhérente aux concepts paradigmatiques plus encore qu'aux autres *là où leur usage n'est pas déterminé plus avant*, je ne serai pas plus explicite. Ce genre de détermination a tout à fait un sens : on peut par exemple, demander si Berlusconi est un Sarkozy. Poser cette question, c'est s'enquérir de quelque chose de tout à fait spécifique, qui n'est pas exactement équivalent à ce qu'un certain nombre de périphrases pourraient laborieusement cerner.

Maintenant, ne faut-il pas réserver un traitement analogue au fait non plus d'« être un Sarkozy », mais d'« *être Sarkozy* » ? N'est-ce pas là, en un certain sens, une détermination du même genre ; en tout cas, tout autant, une détermination ?

C'est là qu'on touche au véritable problème des pensées singulières : y a-t-il des pensées qui non seulement feraient usage de la singularité dans la constitution, « exemplaire », de leur propre généralité (au sens de leur capacité à s'appliquer à plusieurs objets, ou à un objet *ou* un autre), mais qui feraient *de la singularité d'une certaine singularité leur objet* ?

« Être Sarkozy » (et non « être *un* Sarkozy ») constitue-t-il un objet légitime de pensée ? Imaginons la situation suivante : je descends dans la rue, je vois quelqu'un de dos, je ne l'identifie pas exactement comme qui que ce soit ; puis je le dépasse et alors l'évidence s'impose à mon esprit : « C'est Sarkozy » ! N'y a-t-il pas là une bonne et franche pensée ? – tout autant vraie ou fausse que celle suivant laquelle Berlusconi serait *un* Sarkozy.

Pourtant cette pensée prétend bien cerner un individu comme tel : elle ne peut être vraie de plusieurs individus ; dans les conditions standard qui sont celles de l'individuation des personnes tout au moins cela n'aurait pas de sens. Et cet individu n'est pas *un individu ou un autre, celui qui se trouve alors être Sarkozy*, mais cet individu-là, *insubstituable*, qui est seul à « être Sarkozy ». Cette insubstituabilité semble constituer une condition essentielle de la pensée singulière au sens où elle fait partie de son intention.

Maintenant, est-ce parce qu'une pensée est singulière en ce sens-là, radical – non seulement elle ne vise qu'un seul objet, mais elle le vise comme prétendument ne pouvant être autre que celui qu'il est – qu'elle a perdu toute généralité, qu'il faudrait renoncer à cette intuition dont nous sommes partis comme quoi il n'y a pas de pensée sans une forme de généralité ?

Ou n'est-ce pas plutôt qu'il faut réviser le sens que, avec une certaine tradition, que, pour faire vite, on pourrait qualifier d'aristotélico-kantienne, nous avons initialement attribué à cette généralité ? Nous avons d'abord fait comme si cette généralité était celle de ce qui a vocation à s'appliquer à plusieurs objets, ou en tout cas à un objet caractérisé généralement, c'est-à-dire tel qu'on aurait pu concevoir qu'il soit un autre. Mais est-ce là le véritable sens de la généralité de la pensée entendue précisément dans sa plus grande généralité ?

Dans le livre posthume de Gareth Evans, *The Varieties of Reference*, on trouve une tentative une caractérisation absolument générale de cette généralité. C'est la fameuse « contrainte de généralité ». L'idée est qu'il doit bien y avoir quelque chose de *transférable* partout où il y a pensée. Ainsi :

> La pensée que John est heureux a quelque chose en commun avec la pensée que Harry est heureux [1].

---

1. Gareth Evans, *The Varieties of Reference*, John McDowell (ed.), Oxford, Oxford UP, 1982, p. 100.

« Être heureux » est en effet une détermination que nous pouvons appliquer à un objet ou un autre et, comme telle, peut être mobilisée dans de nombreuses pensées.

Cependant, le point intéressant est que cette transférabilité vaut aussi bien *de la détermination de l'objet à propos duquel on peut penser une chose ou une autre*. En effet, poursuit Evans,

> la pensée que John est heureux a quelque chose en commun avec la pensée que John est triste.

Cet élément commun d'une pensée à l'autre est qu'il s'agisse de John et que, dans chacune de ces pensées, *il soit pensé qu'il s'agisse de John*.

Evans le dit dans ces termes :

> Quelqu'un qui pense que John est heureux et que John est triste exerce à deux occasions une seule et même capacité (*ability*), la capacité de penser à (*of*) ou penser à propos de (*about*) John [1].

Cette capacité, dans son ordre propre, est absolument « générale ». C'est-à-dire qu'elle est mobilisable dans des pensées réellement différentes, sans limitation *a priori* du type de pensée en question. Là où nous sommes capables de penser à John, nous sommes par là-même capable d'en penser une chose ou une autre, vraie ou fausse, ou éventuellement absurde, mais au moins formellement pensable.

La « contrainte de généralité » sous sa forme la plus générale, en tant que caractéristique de la pensée *en général*, doit donc s'énoncer sous la forme suivante : *là où Fa et Gb sont pensables, alors Fb et Ga le sont*. C'est-à-dire non seulement

---

1. Gareth Evans, *The Varieties of Reference*, *op. cit.*, p. 101.

un prédicat peut, en théorie, s'appliquer à n'importe quel sujet, mais un objet visé comme sujet d'un certain prédicat peut, en théorie, se voir appliquer n'importe quel autre prédicat, il est au moins en droit disponible pour une telle application [1].

Une telle disponibilité est du reste ce qui, depuis Frege, a toujours caractérisé l'objet. La force d'Evans est, subvertissant la ligne de partage frégéenne entre «concepts» et «objets» (qui, chez Frege, est une frontière *ontologique*, entre deux catégories d'être), d'en faire une détermination en un sens conceptuelle, parce que pourvue, en un certain sens, du *même genre de généralité que celle du prédicat*: ce genre de généralité qui, précisément, est cernée par la «contrainte de généralité».

Il y a, dès lors, une *généralité du singulier*: celle de sa possible réoccurrence d'une pensée à une autre comme *ce à propos de quoi* sont ces différentes pensées. Qui dit *pensée* du singulier dit *thématisation* de ce singulier, façon de le rendre

1. En réalité, cette transférabilité, contrairement à ce que laisse entendre l'usage evansien de la formule, destinée, dans l'esprit de son auteur, à mettre en évidence le caractère structuré *en un sens univoque* de toute pensée, est toujours *bornée*. Mais nous laisserons de côté ici cette difficulté, qui a trait au caractère toujours *contextuel* de l'application des concepts, examinée par Charles Travis dans la critique pénétrante qu'il propose de la «contrainte de généralité» dans sa formulation *absolue*. Voir Charles Travis, «On Constraints of Generality», *Proceedings of the Aristotelian Society*, vol. 94, 1994, p. 165-188, rééd. dans Charles Travis, *Occasion-Sensitivity*, Oxford, Oxford UP, 2008, p. 271-289, et nos développements aux chapitres V et VI de *Concepts, op. cit.* Il faut remarquer que cette limitation à la «généralité» de principe de la pensée (qui est aussi bien la condition de l'effectivité de cette généralité) s'applique aussi bien à la pensée qui prend le singulier comme tel pour objet. Charles Travis lui-même étend sa critique dans ce sens: voir Charles Travis, «On Concepts of Objects» (1995), repris dans Charles Travis, *Occasion-Sensitivity*, Oxford, Oxford UP, 2008, p. 253-270.

*logiquement disponible.* Cette disponibilité logique n'est rien
d'autre que ce que nous nommons « généralité ». En ce sens, il
faudra faire droit à la notion de *concepts d'objets.*

Une fois surmontées les difficultés liées à un certain usage
traditionnel du mot « concept », qui le fait pencher dans le sens
de la généralité de ce qui s'applique à plusieurs, il n'y a rien là,
en substance, de très nouveau[1]. La première figure (mais non
la seule) sous laquelle peut se présenter cette « généralité du
singulier » que nous invoquons est celle du nom propre, qui,
dans son usage désignatif, capture exactement son objet, mais
sous l'espèce de cette forme de disponibilité que nous avons
nommée « généralité ». Or cette généralité, à bien distinguer
de celle de ce qui s'applique (en droit) à plusieurs objets, est
chose bien connue. Husserl le premier parle dans ce sens de
« généralité cognitive » du nom propre dans sa VIe *Recherche
Logique*. Il souligne comment ce qu'il appelle « généralité du
mot » (*Allgemeinheit des Wortes*) en général a trait non pas à la
pluralité possible du référent (que l'usage désignatif du nom
propre par exemple exclut), mais est une *généralité cognitive*,
qui renvoie à la possibilité de *reconnaître une chose comme*
telle ou telle, par exemple mon ami Karl comme Karl, le seul et
unique Karl qu'il est[2].

---

1. N'est-ce pas, d'ailleurs, en un sens, ce qu'il fallait déjà entendre dans la
déclaration de Kant (pourtant grand champion de la conception « généraliste »
des concepts à l'orée de la philosophie contemporaine), suivant laquelle
« l'universalité ou la valeur universelle du concept repose donc non pas sur le
fait que le concept est *concept partiel* mais sur le fait qu'il est un *principe de
connaissance* » (Emmanuel Kant, *Logique*, trad. fr. Louis Guillermit, Paris,
Vrin, 1966, p. 105)?

2. Voir Edmund Husserl, VI. *Logische Untersuchung*, § 7, dans
*Husserliana* XIX/2, Ursula Panzer (ed.), Den Haag, Nijhoff, 1984, p. 564-565.

La généralité est alors celle d'une récognition, fût-elle antéprédicative. Il ne s'agit pas de dire que nommer c'est nécessairement imposer un nom comme *prédicat*. Nommer, en règle générale, ce n'est pas prédiquer – mais plutôt rendre disponible pour la prédication. Cependant, dans le simple fait de nommer, une certaine prise est déjà exercée sur la chose, une prise qualifiante qui la détermine comme une certaine chose singulière (et pas n'importe laquelle) à propos de laquelle peuvent être tentées une série infinie de pensées.

On rencontrerait donc, dans cette universalité du nom, en tant qu'opérateur universel de prise sur une certaine singularité, une première figure de cette généralité du singulier que nous recherchons.

Pourtant une telle généralité peut nous laisser sur notre faim. Car, si elle représente bien une forme de généralité du singulier comme tel, ne risque-t-elle pas, de ce point de vue, de se découvrir vide ou toute formelle? Un trait caractéristique de la prise que nous exerçons sur l'objet en tant que *cet objet-là* au moyen du nom est en effet sa transcendance de principe. Dans un certain usage canonique du nom propre, la référence demeure là même où nous ne savons rien du référent, ou au-delà de ce que nous *pouvons* savoir de lui. Nommer, en un certain sens, c'est comme aimer selon Gabriel Marcel : faire crédit – de ce que l'objet continue bien d'être celui qu'on nomme là même où nous l'avons perdu de vue et au-delà de ce que nous pouvons anticiper de lui, *quoi qu'il devienne*. Les remarques justes d'Evans dans « The Causal Theory of Names » [1] sur l'épaisseur cognitive des noms propres dans leur

---

1. Gareth Evans « The Causal Theory of Names » (1973), repris dans *Collected Papers*, Oxford, Clarendon Press, 1985, 2002, chap. I.

usage ordinaire ne peuvent annuler cette espèce de transcendance de l'acte de référence que ceux-ci mettent en jeu, et
qui se manifeste dans certains cas-limites, là même où toute
prise phénoménologique sur l'objet a été perdue et où le nom
propre conserve pourtant, en dépit de tout, quelque chose de la
capacité identifiante qui le définit.

Une telle prise, «absolue» (ou supposée telle), sur la
singularité demeure cependant faible et abstraite. Est-ce là ce
que nous attendons de véritables «pensées singulières» : que
celles-ci, dans leur teneur, n'aient rien de la singularité à
propos de laquelle elles sont? Comme si le singulier comme
tel restait en dehors de la pensée, y compris là où celle-ci est
pourtant intrinsèquement, essentiellement à propos de lui [1].

Une telle représentation des choses est pourtant incorrecte.
Il est clair que nous avons non seulement des pensées qui sont
bien à propos du singulier, c'est-à-dire du singulier comme
tel, mais des pensées qui sont éminemment chargées de cette
singularité à propos de laquelle elles sont, dans leur rapport à
cette singularité : qui sont imprégnées pour ainsi dire de sa
couleur et de son parfum.

C'est certainement le cas des pensées attachées aux noms
propres dans leur usage le plus familier – usage qu'on oppo-
sera à leur usage «extrême», c'est-à-dire en dehors de tout
ancrage épistémique. Il est probable que l'usage du prénom de
chacune des deux jumelles par leur galant respectif, dans
l'exemple evansien, sera chargé d'une signification bien différente, une signification à chaque fois liée à une fréquentation,

---

1. Sans doute est-ce au fond ce qu'il faut entendre dans le *dictum* kantien
suivant lequel il n'y a pas de concepts singuliers en eux-mêmes, c'est seulement
l'*usage* d'un concept qui peut être dit singulier : voir Emmanuel Kant, *Logique*,
*op. cit.*, p. 99.

une histoire et une attention passionnée à la *singularité* de l'objet considéré. Que cette signification puisse se déployer dans chaque cas dans une description au sens d'une caractérisation différente, sous l'espèce d'une énumération de traits transposables qui conférerait au profil respectif de chaque jumelle une forme de généralité applicable à un autre individu qu'elle-même, est plus que douteux et la logique même de l'usage métaphysique de la notion de gémellité (comme une forme d'*identité descriptive*) faite par Evans est là pour l'exclure. Deux choses peuvent, en un certain sens, être « semblables », cela ne m'empêche pas d'avoir une relation (fréquentation, accointance) avec l'une et non avec l'autre et, dans ce cas, la référence que je fais à l'une est lestée de cette relation en tant que relation avec *cette* chose – et non aucune autre, y compris celle qui y ressemblerait. La pensée qu'on a de la chose n'est pas alors simplement formellement référée à sa singularité mais pour ainsi dire éclairée de l'intérieur par cette singularité : elle est déterminée par elle et s'en nourrit.

Il paraît donc clair, à l'encontre de la conception classique, que la singularité de la chose peut en ce sens être présente dans la pensée et est même présente de fait dans de nombreuses pensées parmi celles que nous entretenons familièrement et qui constituent la substance phénoménologique de notre rapport au monde.

Mais alors la vraie question est la suivante. Comment se fait-il que la thématisation philosophique de ce qui n'est rien d'autre qu'un *fait* : la présence du singulier comme tel dans de nombreuses de nos pensées, puisse rencontrer une telle résistance théorique ? Pourquoi cette confusion si persistante entre les deux sens de la généralité : la plurivalence (de principe) et la pure et simple réitérabilité ?

Comme partout en philosophie là où se manifeste une espèce de crampe mentale qui semble empêcher d'accepter un fait évident, il ne s'agit pas tant d'une erreur que d'une véritable difficulté qui affecte notre pensée. En règle générale cette difficulté a trait à un certain type d'attente que l'on place dans une idée, l'impossibilité de satisfaire cette attente finissant par discréditer l'idée.

Dire que le singulier peut parfaitement être pensé comme tel, ce n'est en effet certainement pas exempter une pensée qui pense (réellement) le singulier d'être une pensée – et donc de la forme de généralité qui, *en général* (*überhaupt*), revient aux pensées.

La différence en question, à ce niveau, est celle qui passe entre « être Sarkozy » et « penser Sarkozy ». Ce n'est pas parce que l'être singulier peut être pensé comme tel, et cela singulièrement (d'une façon illuminée par sa singularité), que, pour autant, la pensée de cette singularité se réduirait jamais au simple être sans pensée de cette singularité. Même si Sarkozy peut penser qu'il est Sarkozy, et ceci peut faire partie de son être – mais c'est une autre question, qui a trait à l'ontologie de ce qu'on appelle « personne », et non à son statut d'objet de telle ou telle pensée.

Pour nous faire comprendre, intéressons nous à un cas-limite, qui permettra de mettre en lumière y compris en son bord le type de contrainte logique inhérente au fait de penser en général.

Les exemples d'identification que nous avons pris jusqu'ici pourraient donner le sentiment qu'à la pluralité des objets nous avons substitué celle des occurrences. Ce qui fait la généralité du « concept singulier » au sens renouvelé que nous avons proposé (à savoir celui d'un concept chargé de la singularité à laquelle il se réfère et non simplement se référant à un objet singulier), c'est, semble-t-il, sa capacité de s'appliquer à un même objet en des occurrences disjointes. Ce serait la conséquence qu'il y aurait à tirer apparemment de la détermination récognitionnelle de cette généralité. Il n'y a concept singulier de Karl qu'en tant que j'ai à *reconnaître* mon ami Karl et donc qu'il se présente à moi au moins deux fois.

Cependant, le « principe de généralité » evansien nous a suggéré une autre approche. Si, pour qu'il y ait concept, y compris singulier, une « synthèse d'identité » est nécessaire (pour parler le langage de Husserl), celle-ci peut être purement *syntaxique*. L'important alors n'est pas tant que je reconnaisse ce $x$ qui se présente comme étant $a$, *le même a que j'ai vu tout à l'heure*, mais que, pour suivre Evans, là où $Fa$ est pensable, $Ga$ le soit aussi – ou, en tout cas, pour affaiblir la contrainte evansienne, *il y ait bien quelques G, H, etc.* tels que $Ga$, $Ha$, etc. le soient [1]. Même si Karl était un événement unique, je pourrais ainsi le qualifier de multiples façons, et ce serait dans cette qualifiabilité multiple que se trouverait le principe de la généralité du concept de Karl.

Cette forme de généralité présente un grand intérêt : elle peut, à la limite, investir même une *expérience*, dans sa ponctualité ininterprétée.

---

1. Notre réserve porte ici sur le « *quel que soit* G » (c'est-à-dire : quel que soit le prédicat disponible) qui seul donne sa pleine portée logique à la « contrainte de généralité » en tant que thèse de *structuration* univoque de la pensée, et qui échoue, pour des raisons (contextualistes) dans lesquelles nous ne pouvons entrer ici. Voir les textes cités de Charles Travis et Jocelyn Benoist, *Concepts*, *op. cit.*

Soit la vision fugitive du rayon vert qui, dit-on, ne se présente qu'une seule fois, ou Perceval voyant le Graal passer devant lui sans savoir ce que c'est, pour ne plus jamais le revoir. Il y a là des expériences qui, comme telles, dans leur qualité unique, sont absolument non réitérables. L'objet ne sera jamais retrouvé – quand bien même il le serait, du reste, alors cette expérience n'aurait plus la fraîcheur de l'unicité supposée ou du non-savoir, donc en toute rigueur *ce ne serait plus la même expérience, ce qui, en l'occurrence, compte*. Or, ne peut-on pas se *référer* à cette expérience première en tant qu'unique, à l'exclusion de toute expérience qui lui ressemblerait, à supposer qu'il puisse jamais y en avoir ? Ne peut-on pas même la *penser* ?

Il semble bien que si, car Perceval peut revenir mille fois mentalement sur cette expérience unique qu'il a vécue l'espace d'un instant et en faire l'objet de méditations infinies. Il peut, à tort ou à raison, essayer de lui attribuer toutes sortes de propriétés, en faire le thème d'une élaboration. Elle ne revient pas, certes, mais *la pensée y revient*. Il y a bien là une forme de généralité de l'expérience, une généralité du genre de celle que nous avons prêtée au pensé en général, et qui n'exclut pas la singularité, fût-ce, en ce sens, la *singularité absolue* : la singularité d'occurrence, au sens d'occurrence réelle – *mais non d'occurrence logique*.

Ce qui est impossible en revanche, c'est d'ôter à l'objet de pensée, si fugace et idiosyncrasique soit-il, cette généralité qui est celle de sa *disponibilité à la pensée* : cela reviendrait tout à la fois à vouloir *penser et ne pas penser une chose*, à la traiter simultanément comme *pensable et non pensable*.

Penser quelque chose, c'est le *thématiser*, d'une façon ou une autre, que ce soit par une description comme on disait au bon vieux temps, ou directement. De ce point de vue-là, il y a un gouffre (logique, non nécessairement réel) entre avoir une expérience et la penser. La pensée peut être proprement la pensée de *cette* expérience et de rien d'autre que cela, l'expérience en question conservant en un certain sens son caractère aveugle. Je peux passer mon temps à me demander *ce que j'ai ressenti un certain jour*, et ne pas être capable de rattacher ce donné à aucune typicité. Cependant, ce faisant, je me suis déjà logiquement détaché de l'expérience en question, j'en ai fait un thème, sur lequel la pensée exerce une certaine prise, prise qui la rend disponible pour d'autres usages. Je ne peux pas à la fois prétendre renvoyer à cette expérience dans sa singularité absolue et faire comme si justement celle-ci demeurait inaccessible à la pensée, « impensable » comme telle. La penser, c'est très précisément *la faire pensable*, d'une façon ou une autre – même si, et c'est un autre problème, on peut rester insatisfait quant à cette pensée et chercher à se donner une meilleure prise sur ce que nous pensons alors, au sens d'une prise répondant mieux, contextuellement, à nos intérêts cognitifs, et ainsi, développer d'autres pensées.

Derrière le doute structurel quant à notre capacité d'atteindre cognitivement le singulier, un doute dont il semble que nous ayons le plus grand mal à sortir, alors, il faut certainement déceler quelque chose comme le fantasme d'*un accès à la chose* (donc d'une pensée) qui se tiendrait *en deçà de cette généralité qui est réellement celle de la pensée*, donc en-deçà de l'exposition de ladite chose à la pensée. La pensée de la chose se *réduirait* alors au simple fait de l'être – ce à quoi un certain mythe de ce qu'on appelle d'habitude « expérience » pourrait prêter ses traits. Or que, pour penser la chose, *parfois* il faille l'être est un point. Que pour l'être il faille *parfois* la penser en est un autre. Mais que cette solidarité ponctuelle de l'être et de la pensée doive jamais se dire dans les termes d'une réduction (« la pensée *se réduit* alors à l'être ») en serait encore un autre, proprement inacceptable : il ne faut y reconnaître rien d'autre que le fantasme, peut-être constitutif de la pensée, d'*une pensée qu'il n'y aurait pas à penser.*

# CHAPITRE VI

# LA RÉALITÉ DU SOCIAL

Il pourrait sembler que restituer la pensée tant à la réalité de ses conditions (contextuelles) qu'à celles de son objet *en général*, ne suffise pas. Resterait en effet alors à s'interroger sur la réalité de cet objet *en particulier*. La référence perceptuelle forte que nous avons introduite au niveau de ce que nous avons appelé « expérience » – tout en précisant bien que celle-ci ne détenait pas, à elle seule, la clé du « réel » et n'en avait certainement pas non plus le monopole – ne pose-t-elle pas, de ce point de vue, un problème ?

Notre univers, assurément, ne se réduit pas au perceptuel. D'où un problème récurrent dans les « réalismes » modernes, dans leur propension à se réaliser dans des ontologies stratifiées : celui de la constitution ou construction de ce qui se détache de ce perceptuel. La pyramide culminant habituellement dans cette figure du réel que l'on nomme « le social », qui représenterait le sommet de son élaboration. On s'ingénie alors, contre tout scepticisme comme contre un certain type de « réalisme brut »[1], à démontrer « la réalité du social » – entendez : du social *aussi*, comme un compartiment additionnel de l'être.

La formule, certainement, peut paraître étrange. On dirait assurément de certaines choses, qu'il sera naturel par ailleurs de qualifier de « sociales », qu'elles sont « réelles » – par opposition sans doute à quelque risque d'irréalité qui les menacerait. Mais pourquoi, de ce qui est social *en tant que c'est social*, dirait-on que c'est réel ? Par rapport à quel risque d'irréalité une telle affirmation aurait-elle un sens ?

Que nous soyons environnés de choses sociales, qui participent de la réalité de ce monde auquel nous sommes confrontés, cela semble bien évident, sauf à remettre en question la réalité même de ce monde, selon un doute qui ne porterait alors pas tant sur l'être social que sur l'être en général.

En effet, avec l'ouverture même de ce monde (si cette métaphore a un sens), dira-t-on, le social nous est immédiatement « donné ». Comme l'observe Heidegger, ce n'est pas un simple bruit que nous entendons, mais le klaxon de la camionnette du facteur. Certains philosophes ou psychologues soutiendraient qu'il faut ici distinguer l'élément proprement perceptuel (un bruit) et la composante interprétative qui, en l'occurrence, *charge ce bruit d'une signification* qui renvoie à un scénario social déterminé. Pourtant, c'est un fait remarquable de la grammaire de la perception que la description du perçu en termes d'une objectivité sociale, qui suppose la

---

1. Au sens où Searle détourne la notion anscombienne de « fait brut ». Voir John Searle, *La Construction de la Réalité Sociale*, trad. fr. Claudine Tiercelin, Paris, Gallimard, 1998.

maîtrise par l'observateur (ou plus simplement l'agent) de certains dispositifs sociaux, puisse être absolument pertinente. Il y a des cas où c'est bien cela qui est perçu; c'est-à-dire il est parfaitement convenable et nécessaire de décrire le perçu ainsi.

La question « qu'est-ce que tu vois ? » appelle souvent en réponse des déterminations sociales. Certaines d'entre elles renvoient assurément à une qualification de l'objet extérieure à cette expérience perceptuelle que nous en avons, ou qui ne recoupe qu'indirectement celle-ci : à « ce que nous savons » par ailleurs de cet objet qui est actuellement objet de perception, sans que cela soit actuellement donné dans la perception. La mobilisation d'un tel savoir est en règle générale nécessaire pour ajuster la prise descriptive sur l'objet de perception qui, en tant qu'objet, ne se réduit pas à ce qu'on en voit. Mais il y a aussi beaucoup de déterminations que nous appliquons immédiatement à ce qui est perceptuellement donné, pour le qualifier *phénoménologiquement* (comme « cette chose même » qui est donnée), qui relèvent de toute évidence de ce qu'on pourrait appeler une détermination sociale. Cela a un sens de dire que j'entends la corne du facteur, ou que je vois un homme en uniforme. Ces déterminations font partie, ni plus ni moins que celles qui renvoient à des choses supposées « naturelles », de celles que nous appliquons à ce qui nous est donné dans la perception.

Un certain discours consisterait à dire que notre perception est « chargée » socialement ou culturellement, ce qui nous permettrait, en quelque sorte, de voir les « choses sociales ». Mais ce discours de la « charge », somme toute, est étrange. Sans doute, nous *apprenons* à voir les choses sociales, comme pour toutes choses ou en tout cas beaucoup d'entre elles – à part celles, semble-t-il rares, auxquelles nous aurions une sensibilité génétique. Mais s'il s'agit de dire que là où je vois une chaise, je la vois moins immédiatement que je ne verrais la pièce de bois correspondante, parce qu'il me faudrait d'abord la voir comme une pièce de bois, puis « charger » celle-ci de la signification instrumentale qui renvoie à un certain monde social, l'idée est bizarre, car ce n'est en règle générale pas vrai. Il peut arriver que je ne perçoive pas tout de suite qu'il s'agit d'une chaise, tout comme, optiquement, il pourrait arriver que je ne perçoive pas tout de suite qu'il s'agit de bois. Mais, à supposer que la forme de la chaise ne soit pas trop biscornue (c'est-à-dire inédite pour ce que nous appelons une chaise) et les conditions d'éclairage bonnes, si l'on me demande de décrire « ce que je vois, juste ce que je vois », je répondrai généralement que je vois une chaise – et pas juste une pièce de bois : il faudrait des conditions très particulières (que nous soyons naufragés et cherchions quelque chose à brûler) pour que ce genre de réponse ait un sens.

En d'autres termes, s'il est essentiel à ce que nous appelons d'habitude « perception » qu'elle nous mette en rapport avec ce qui peut être décrit comme des « choses », il n'y a aucune raison, bien au contraire, de soustraire les choses qu'on pourrait avoir envie d'appeler « sociales » (c'est-à-dire celles dont l'existence dépend directement de procédures et de dispositifs sociaux) à la portée de ce que nous avons appelé « perception ». Si cela n'a pas de sens de dire que je perçois une chaise, d'une façon telle que cette chaise soit l'objet propre et immédiat de ma perception, alors, cela n'a pas plus de sens de dire que je perçois un arbre de la même façon. Si le concept de perception porte l'accès aux choses, ou plutôt l'être de plain-pied avec elles (et que la perception pourrait-elle signifier d'autre ?), alors il porte du même coup l'accès aux choses sociales, ou plutôt l'être de plain-pied avec celles-ci. Être charnellement sensible à des aspects de notre monde – s'il y a là une caractérisation correcte de la perception – c'est inévitablement être charnellement sensible à ces aspects aussi qui relèvent de ce que nous appelons son être social, ou au moins à certains d'entre eux.

La réalité des choses sociales, tout autant que celle d'autres choses, s'atteste donc dans notre perception : elle fait partie de ces choses qu'on y rencontre. Cependant, pas plus qu'en ce qui regarde la réalité des choses en général, on ne peut faire de cette perception le fondement de la réalité en question. Si nous percevons des choses sociales, *c'est qu'il y en a*, et la réalité de l'être social, en un certain sens, précède et déborde la perception ponctuelle de la chose sociale. C'est parce que nous vivons dans un monde où les gens s'asseyent que nous voyons des chaises : le rite de l'asseyage constitue en quelque sorte la vérité de la chaise, et il y a là une réalité, de ce genre de réalités constitutives du monde dans lequel nous sommes – et donc tel qu'il nous est donné à voir aussi. Comme il en est de la réalité en général, la perception ne nous confronte avec la réalité sociale que dans la mesure où nous y sommes de toute façon. Tout au plus en est-elle une épreuve. Avec l'ouverture perceptuelle du monde, c'est immédiatement un monde social qui nous saute aux yeux, parce que ce monde, en lui-même, est social.

Cette réalité ne paraît pas moins certaine que celle des « choses » et de ce que nous appelons « réalité » en général. *Pourquoi, dès lors, la nommer comme telle et la mettre ainsi en relief ?*

Sans doute peut-on pressentir une part de la difficulté dans l'hésitation que nous avons pu rencontrer à admettre les réalités « sociales » (ou certaines d'entre elles) au rang de ce qui pourrait faire, à proprement parler, l'objet de perceptions.

Que signifierait perdre non pas la réalité, mais cette part ou dimension de la réalité que nous nommons « sociale » ?

Il peut sembler à première vue assez difficile de donner un sens concret à un doute qui se rapporterait spécifiquement à cette dimension de la réalité. Pourtant, en un certain sens, nous connaissons tous des expériences de ce genre. On peut penser à toute forme d'épreuve de ce que nous nommons parfois « la comédie sociale ». Il y a des situations où la dimension sociale des êtres semble pour ainsi dire se désagréger, ou, comme on dit, nous n'arrivons plus à y croire. Ce que semble irrésistiblement suggérer ce genre d'expérience, c'est que si ces êtres sont usuellement ce qu'ils sont, c'est en vertu de notre croyance en eux. Ce qui se présente comme une forme de prise de conscience a alors quelque chose de déréalisant.

Toute une tradition, qu'on peut faire remonter à Pascal, a ainsi insisté sur le caractère *imaginaire* de la société. Ce qui fait le pouvoir du juge, et donc en un sens le juge, c'est la représentation que nous en avons, c'est-à-dire notre imagination. L'idée à laquelle nous parvenons alors, c'est que le social est un être intentionnel, qui n'est qu'en tant que représenté. Là où on sape les fondements de sa représentation, on le supprime en tant qu'être social même. Le social apparaît ainsi comme ce qui est *ajouté* à l'être réel, et n'en participe pas à proprement parler : la gangue d'illusion qui, en un certain sens, recouvrirait la réalité.

Une telle lecture démystifiante trouve sa nourriture dans la théâtralisation caractéristique de certaines dimensions de la vie sociale, qui paraît renvoyer des pans entiers de cette vie à une forme d'irréalité où les choses comptent non pour ce qu'elles sont, mais pour ce qu'elles semblent.

Cependant, le fait que nous soyons amenés à raisonner en termes de théâtralisation suppose déjà quelque chose : qu'il ne s'agisse pas simplement de « l'effet » que nous font les choses, des représentations qu'elles éveillent en nous et que nous

projetons sur elles – suivant un fantasme que nous pouvons
entretenir, d'un social s'abîmant pour ainsi dire dans la subjectivité – mais d'une organisation et d'une gestion réglée de ces
effets, de dispositifs destinés à les produire. Or ces dispositifs
sont bien réels. Si la société, suivant une métaphore commune,
éclairante en ce qui concerne certains aspects de la réalité
sociale, égarante en ce qui concerne d'autres, est un théâtre,
alors elle en a au moins la réalité : l'imagination ici, ne va pas
sans mise en scène.

On pourrait dire que si la représentation est indubitablement
partie de l'être social, le mot « représentation » doit ici être pris
aux deux sens, subjectif et objectif du terme : il s'agit tout
autant des processus et dispositifs de représentation (comme
dans la « représentation théâtrale ») que des représentations
éveillées en nous. Nous revenons ici aux analyses menées
au début de ce livre, dans une perspective un peu différente.
La représentation met tout autant en jeu un être représenté
qu'un *être réel*. Comment appeler cet être, là où il y va de la
dimension sociale de la représentation ?

Pascal, quant à lui, lui a donné un nom, puisque, tout autant
que sur l'imagination et solidairement de celle-ci, il a insisté
sur le rôle joué par la *coutume* au fondement de la société.
L'imagination ne produit la société que pour autant qu'elle est
*imagination sociale*, et cela suppose en fait le primat de l'être
social : que serait un sens non social de la coutume ? Ainsi,
en société, nous n'imaginons que ce qu'on nous donne à
imaginer, et mettre en relief le caractère en un sens « imaginaire » (au sens où l'imagination joue un rôle essentiel dans le
déploiement de ses formes) de la société, ce n'est certainement
pas la rendre purement « subjective ».

De ce point de vue, il y a quelque chose de tout à fait
fourvoyant à dire que le juge ne serait pas un juge mais un

homme que nous nous figurons être un juge, ou qui a l'air d'un juge. En effet, ce personnage qui, en un certain sens, joue au juge, en un autre sens, n'y joue pas du tout, mais en *est* un. Son être de juge, coutumièrement, implique qu'il fasse certains gestes. Ces gestes peuvent assurément être lus comme destinés à produire certains effets, qui sont de l'ordre de l'imagination. Ils n'en font pas moins partie de ce que c'est que d'être un juge, et du dispositif réel de mise en scène qui appartient à l'institution, elle aussi bien réelle, de la justice.

Évidemment le sel de l'analyse pascalienne, comme de celle de l'histrionisme du garçon de café chez Sartre, c'est que certains rôles sociaux semblent se prêter à une forme d'emphase, de supplément de mise en scène qui, indiscuta-blement, a quelque chose d'artificiel. Cependant, ce serait poser le problème à l'envers que de dire que c'est parce que le juge joue en ce sens le juge, ou le garçon de café, le garçon de café, qu'ils sont respectivement un juge ou un garçon de café : c'est bien plutôt l'inverse, c'est parce que et dans la mesure où ils sont juge et garçon de café qu'ils peuvent, comme une sorte de supplément, investir cet excès dans l'exécution de leur rôle, et jouer respectivement le juge et le garçon de café. Si on commence par dénier la réalité de leur être social respectif, alors ce phénomène de théâtralisation qui nous frappe n'est plus même visible comme tel. Il y a un gouffre entre quelqu'un qui n'est pas un garçon de café et qui joue au garçon de café et un garçon de café qui joue un peu trop le garçon de café.

En fait la « mauvaise foi », loin de déréaliser la société, suppose son être réel. Elle suppose autant de rôles disponibles qui ne sont pas des rôles d'emprunt, coupés de la réalité comme par les portes d'un théâtre, mais autant de formes de l'être social même.

De ce point de vue, les métaphores de la « scène sociale », du « théâtre de la société » et des « rôles sociaux » ont quelque chose de tout à fait égarant. Que la société soit faite de « rôles » en un certain sens, c'est-à-dire de *fonctions*, c'est tout à fait certain. Mais à part dans certaines situations du genre de celles auxquelles nous venons de faire référence (celles qui mettent en jeu une dimension de « complaisance au rôle », comme dirait une certaine sociologie très imprégnée de philosophie), cela n'a pas tellement de sens de dire que nous « jouons » ces rôles. Ce ne sont pas des rôles de théâtres, mais l'*occupation effective* de positions réelles dans l'espace social, avec ses dispositifs de tous ordres, y compris représentatifs. L'espace de la société n'est pas quelque chose dans quoi on rentre de l'extérieur comme sur une scène de théâtre.

Dans une présentation de l'existentialisme français destinée au public américain, Hannah Arendt invoque la critique sartrienne de « l'esprit de sérieux » :

> L'esprit de sérieux, le péché originel selon la nouvelle philosophie, peut être assimilé à la respectabilité. L'homme « sérieux » est celui qui se pense comme président de son affaire, comme dignitaire de la Légion d'honneur, comme membre de la Faculté, mais aussi comme père, comme mari, ou comme n'importe quelle autre fonction mi-naturelle, mi-sociale. Car, en se comportant ainsi, il s'identifie de plein gré à une fonction arbitraire dont il est redevable à la société. L'esprit de sérieux est la négation par excellence de la liberté, car il conduit l'homme à se prêter à l'inévitable transformation que subit tout être humain quand il s'intègre à la société [1].

---

1. Hannah Arendt, « L'existentialisme français », trad. fr. Anne Damour dans *Qu'est-ce que la philosophie de l'existence ?*, Paris, Payot, 2008, p. 78.

La dernière formule nous retiendra. De quelle « transformation » peut-il s'agir ? Bien sûr, nous ne sommes pas « par nature » écolier, professeur de philosophie, ouvrier, médecin, père ou mari (nous gardons ici la série de rôles masculins, puisqu'il semblerait que l'esprit de sérieux et sa pesanteur inhérente, hélas, soit de ce côté). Toutes ces choses, en un certain sens, s'apprennent et c'est probablement un des mérites du raisonnement en termes de « rôles sociaux » que d'attirer notre attention sur ce point, en dénaturalisant ce que nous pourrions être enclins à tenir pour évident. La notion de « rôle » véhicule l'idée de la nécessité « d'entrer dans un rôle » et des efforts nécessaires pour y parvenir. Cependant, ce qui gêne dans la formule, c'est l'idée de « s'intégrer à la société », apparemment au sens non plus d'un rôle social défini – à partir d'un certain moment, il faut apprendre à être un mari ou un père, et cela n'a rien d'évident – mais à *la société en général*. Tout se passerait alors comme si l'être humain était transformé quand il s'intégrerait à la société. Mais depuis quel être non-social une telle intégration et transformation pourrait et devrait-elle être pensée ? Qu'est-ce que l'être humain non social ?

Du point de vue de la genèse, on peut certainement dire que notre être social ne vient pas en un bloc : nous avons à en découvrir et apprendre successivement différents aspects, suivant les âges de la vie (ce qui est déjà une notion typiquement sociale) et ce qu'on appelle parfois notre trajectoire sociale. Cependant, il n'y a pas dans cette trajectoire de phase non sociale : dès l'origine nous sommes propulsés dans un monde social et nous en faisons partie. La naissance est un acte éminemment social. Dirons-nous que nous jouons le rôle du nourrisson ? En un certain sens, c'est vrai : il y a bien sûr des façons d'être nourrisson et les nourrissons ne sont pas traités partout et toujours de la même manière ni ne sont partout et toujours la même chose. Être nourrisson à Sparte n'est pas la même chose qu'à Athènes. Cependant, en un autre sens, nous ne « jouons » certainement pas ce rôle : il n'est pas un rôle qu'on endosse de l'extérieur. *Nous y sommes*. Nous « jouons le rôle », alors, au sens où une pièce joue un rôle dans un système. Si de la représentation, et de l'imagination sont impliquées là, sans doute très tôt, cela ne signifie pas nécessairement que s'ouvre en quoi que ce soit la *distance* propre à un certain usage – mais à un certain usage seulement – de ces notions.

Le danger d'un certain emploi de l'idée de rôle social, c'est de traiter la société comme un pur *spectacle*, comme si le rapport qu'on y avait était purement externe – même s'il est possible et peut-être inévitable que nous entrions sur la scène et fassions partie du spectacle, mais alors non sans « pensée de derrière la tête » qui continuerait à nous le désigner comme un spectacle et, en quelque sorte, à le *disqualifier comme réalité*.

Or, que la société soit *aussi* un spectacle et que la dimension spectaculaire soit un de ses ressorts, est certain ; mais ce qu'on appelle « rôle social » ne se réduit certainement pas à cette dimension spectaculaire : les rôles sociaux, s'il leur arrive de se représenter et s'il peut même dans certains cas leur être essentiel de le faire, ne sont pas seulement ou primairement des rôles de représentation ; ils sont d'abord des *rôles d'action*, des façons d'être et de faire en société. Comme tels, ils sont constitutifs de la réalité sociale – une réalité où il y a des écoliers, des professeurs, des ouvriers, des pères, etc. – une réalité à laquelle peut-être il est essentiel d'être représentée, mais dont la représentation ne suppose pas moins la réalité, loin que la seconde puisse être décrite comme un pur effet de la première.

Quel est cette réalité sur laquelle nous butons comme sur le roc dur du social, au-delà du spectacle que celui-ci indubitablement constitue, et, pourrait-on dire, *dans* ce spectacle lui-même, comme ce qui l'organise et forme sa réalité propre, là où il y a un tel spectacle ?

Pascal, on l'a vu, fournit une réponse à cette question : il s'agit de la *coutume*. Il n'y a aucune nécessité à ce qu'on élève les enfants comme ceci ou comme cela, à ce qu'il y ait des médecins ou des philosophes – c'est-à-dire ce que nous nommons ainsi – ou qu'il y ait des pères au sens où nous l'entendons, etc. Ou plutôt, il n'y a là d'autre nécessité que celle de nos coutumes. Et comment douter de ce caractère coutumier de la réalité sociale là où nous nous sommes trouvés confrontés, suivant l'expérience fondatrice de la modernité, au choc de la diversité ethnologique ? L'Amérique nous a appris, c'est-à-dire rendu visible, la société.

Cependant, là encore, cette représentation, mal interprétée ou surinterprétée, peut se révéler tout à fait fourvoyante. En premier lieu, on peut être enclin à penser que reconnaître le caractère fondamentalement coutumier de la réalité sociale, c'est nécessairement être conduit à en épouser une lecture *conventionnaliste* : comme si la réalité de notre société dépendait d'un certain nombre de conventions adoptées eu égard à ce que nous pouvons, devons ou ne devons pas y faire.

Tout dépend bien sûr de ce qu'on entend par « convention » mais, au moins en une certaine entente de ce concept, selon laquelle les conventions doivent être explicites et représentent une forme de norme extérieure sur ce que nous faisons, il est fort improbable que la perspective conventionnaliste puisse rendre adéquatement compte de l'être du social. Ce qui paraît essentiel à ce que nous appelons réalité sociale, c'est que ce qui y appartient soit *ipso facto* placé sous certaines règles, c'est-à-dire s'effectue selon elles et soit jugé et évalué selon elles ; mais il n'est nullement nécessaire, et il n'est finalement probablement possible qu'en un nombre limité de cas, que ces règles revêtent l'aspect d'une codification explicite. D'autre part, cette normation n'est que très partiellement transcendante : il y a certaines choses que nous effectuons parce que, dans notre société, *il faut* les faire, c'est là un *devoir* ; mais il y a beaucoup de choses que nous faisons non pas parce qu'il faut les faire, mais tout simplement parce que *c'est ainsi que l'on fait*, c'est-à-dire que *nous* faisons (parce qu'ailleurs, certainement, on ferait autrement). Ainsi la normativité en question est autant immanente que transcendante : elle réside dans nos pratiques mêmes, et non dans une simple exigence extérieure qui pèserait sur celles-ci.

Un des aspects de l'analyse wittgensteinienne au XXe siècle est de nous avoir rendus sensibles au fait qu'une règle, contrairement à une convention (qui est une certaine forme, très particulière, de règle), n'a pas besoin d'être représentée. Abandonner un modèle conventionnaliste de la coutume pour l'entendre plutôt en termes de « règles » permet donc de faire droit à la dimension non représentationnelle de la réalité sociale et des « rôles » qui en semblent constitutifs – et ne deviennent que localement des rôles conventionnels, c'est-à-dire représentés.

L'autre malentendu qui peut être associé à la notion de « coutume », non sans rapport avec le précédent, est lié à l'idée d'« arbitraire ». Caractériser la réalité sociale comme coutumière, c'est, semble-t-il, une fois de plus la déréaliser. Car si elle est affaire de coutumes, c'est donc qu'elle est arbitraire, et si elle est arbitraire, c'est donc qu'elle aurait pu être choisie autre.

Or, si l'être social est bien affecté d'une forme de contingence au sens où il est essentiel qu'il eût pu être autrement – en un certain sens il n'y a jamais de nécessité à ce que les hommes se comportent de telle ou telle façon déterminée – *il n'est pas de ce genre d'être qui se choisit*. Cela non pas seulement au sens où on ne choisit pas sa société (et là où un individu décide de changer de société, comme cela peut parfois arriver, il le fait depuis le fond de la société dans laquelle il est), mais en celui où, très profondément, une société ne se choisit pas elle-même[1], cela n'a pas de sens de se représenter les choses ainsi.

Nul ne l'a mieux dit que Saussure, dans des pages très fortes sur le caractère social de la langue :

> Par rapport à l'idée qu'il représente, le signifiant (signe), quel qu'il soit, est arbitraire, apparaît comme librement choisi, pouvant être remplacé par un autre (table pouvant s'appeler sable, et inversement). Par rapport à la société humaine qui est appelée à l'employer, le signe n'est point libre mais imposé, sans que cette masse sociale soit consultée et comme s'il ne pouvait être remplacé par un autre. Le fait qui dans une certaine mesure semble envelopper contradiction de la non-liberté de ce qui est libre, ce fait pourrait s'appeler familièrement le phénomène de la carte forcée. On dit à la langue : « Choisissez au hasard ! » mais on lui dit en même temps : « Vous n'avez pas le droit de choisir ; ce sera ceci ou cela ! ». Si un individu voulait

---

1. Bien sûr, une société peut faire certains choix pour elle-même. Ces choix, cependant, ne la constituent pas. Ils la supposent, en tant qu'être social déjà réel (dans son ordre propre). Voir notre *post-scriptum* sur la politique.

changer un mot français ou un mode, il ne le pourrait pas, même la masse ne le pourrait pas ; elle est rivée à la langue qu'elle est[1].

Cette image de *l'être rivé à soi* constitue une figure extraordinairement puissante de la réalité du social. La société, dans sa contingence même, n'est pas à distance d'elle-même. La coutume n'est pas une simple représentation. Elle est un être.

Cette réalité de la coutume, qui la soustrait au jeu des stipulations, la tradition moderne, découvrant le caractère coutumier de notre être sur fond de doute ethnologique, l'a bien aperçue. Pascal, inaugurant une ligne d'analyse appelée à un avenir florissant, fait de la coutume notre « seconde nature ».

Une telle détermination occupe une place tout à fait centrale dans les tentatives des philosophes, à l'époque moderne, d'approcher la réalité du social. Or, elle est fort ambiguë.

D'un côté, la secondarité de la seconde nature semble la subordonner au préalable et au privilège d'une autre, et dans une certaine mesure contribuer à la déréaliser. Détecter l'appartenance de propriétés à une seconde nature, c'est les démasquer comme non réellement naturelles, là où elles auraient pu, au regard non averti (essentialiste), passer pour telles. Elles relèvent en fait d'une *adjonction à la nature*, de ce que *nous* faisons (en tant que société), qui est éminemment variable et relatif.

D'un autre côté, pourtant, le suc de la notion de seconde nature est que ce qu'elle désigne mérite pourtant bien le nom de « nature », c'est-à-dire soit devenu notre être avec le même

---

1. Ferdinand de Saussure, *Cours de linguistique générale*, Engler (éd.), Wiesbaden, Otto Harrassowitz, 1968, t. 1, p. 159.

degré d'immédiateté et d'évidence que la « première nature »
l'est pour les êtres « naturels ».

Un usage particulièrement significatif du syntagme, de ce
point de vue, dans la littérature récente, est celui fait par John
McDowell[1]. En l'occurrence, un des éléments qui justifie à
ses yeux que l'on parle de « seconde nature » à propos des
animaux rationnels que sont les êtres humains, c'est que les
capacités conceptuelles qui les caractérisent interviennent
dans leur activité perceptuelle donc dans leur rapport le
plus immédiat au monde. L'important, alors, est certes qu'il
s'agisse de *seconde* nature, c'est-à-dire d'une nature informée
par le langage et la tradition, mais aussi et surtout que, dans sa
secondarité même, elle soit bien devenue une nature, c'est-
à-dire qu'elle ait été incorporée et constitue, en un certain sens,
l'*immédiateté* même de l'humain. Là où l'être humain perçoit,
c'est, immédiatement, en tant qu'animal rationnel. De ce point
de vue, on pourrait dire que c'est donc son animalité (et non
sa rationalité en tant que pensée comme extérieure à cette
animalité) qui distingue l'animal humain des autres animaux.
Sa rationalité *est* son animalité.

Pourtant, partout où est employée cette expression
« seconde nature », subsiste un doute. Pascal le premier
explique que la seconde nature, en nous, en un certain sens,
a pris la place de la première et est, purement et simplement,
notre nature. Mais cet énoncé, sous sa plume, a la valeur
d'une relativisation : si la seconde nature est notre nature, c'est
que, en un certain sens, nous n'avons pas (ou plus, selon une
anthropologie de la chute) de nature. Ce qui a l'air stable et

---

1. Voir John McDowell, *L'esprit et le monde*, trad. fr. Christophe Alsaleh,
Paris, Vrin, 2007.

substantiel *en réalité* ne l'est pas – même si c'est le propre du demi-habile de le relever et si la véritable habileté est de faire (mais avec « l'idée de derrière la tête ») comme si on ne le voyait pas.

Évidemment, ce n'est pas là le seul usage de la notion de « seconde nature ». Comme nous venons de le voir, celle-ci peut être utilisée au contraire pour marquer la puissance positive de naturalisation du social, qui en fait l'horizon plein de notre existence. Il y a un usage *constitutif* comme il y a un usage *sceptique* du syntagme. Cependant il est fondamental de voir que l'un est l'envers de l'autre. D'où en effet parlerait-on de « seconde nature », si ce n'est d'un point où il n'y aurait *pas encore* une telle nature ? – ce qui suppose, par rapport à elle, une forme de dénaturalisation. Ainsi l'idée de « seconde nature » est inséparable de l'adoption d'un certain type de position « transcendantale » à l'égard de la réalité du social.

C'est-à-dire que l'équation conceptuelle de la « seconde nature », y compris là où il s'agit d'affirmer l'irréductibilité de cette nature, suppose forcément qu'on sorte fictivement d'une telle nature pour la constituer pour ainsi dire par l'extérieur, comme ce qu'il est nécessaire ou inévitable d'ajouter.

Par exemple, que signifie d'insister sur le fait que notre perception mettrait en jeu des « capacités conceptuelles » ? Une telle thèse ne gagne évidemment son sens et ne devient énonçable que depuis une situation théorique où ladite perception ne mobiliserait pas de telles capacités. La seconde nature (qui est celle supposée être, en réalité, celle de notre perception) est alors représentée comme une addition par rapport à cette nature fictive. Ainsi la réalité de notre perception, telle qu'elle joue un rôle dans nos vies, est alors abordée depuis la figure d'une perception qui n'existe tout simplement pas : une perception qui serait retirée à nos vies et qu'il serait nécessaire de charger de quelque chose d'additionnel pour qu'elle puisse enfin mériter le nom de «perception» au sens où nous l'entendons.

La caractérisation de l'être social comme «seconde nature», y compris là où elle a pour finalité d'insister sur la réalité de l'appropriation de cet être comme nature, est donc fondamentalement ambiguë. Elle renvoie toujours à une *rupture première* avec cette réalité, comme si celle-ci était à conquérir, ou reconquérir, comme s'il fallait précisément se l'approprier depuis on ne sait trop quelle forme d'extériorité métaphysique. Or l'être social n'est certainement pas acquis, construit, en ce sens-là. Nous avons toute sorte de choses à apprendre en société, mais nous n'avons pas à apprendre à être sociaux «en général» – si nous avions à le faire, cela supposerait du reste encore une fois la société, car qu'y a-t-il de plus social que l'apprentissage? Nous vivons dans un monde social, et dans lequel ce qui nous est donné (y compris nos perceptions) a donc immédiatement une signification sociale, en fonction du rôle qu'il joue dans nos vies. Ce n'est pas là une condition de possibilité particulière (transcendantale) sur ce donné, mais une part de la réalité de ce que *nous* sommes.

L'idée de seconde nature apparaît comme la dernière redoute d'une certaine forme de scepticisme suscité par l'être social de l'homme, en tant qu'être intentionnel – le remède, comme toujours en matière de scepticisme, ne faisant qu'aggraver les choses. On insiste alors sur le fait que l'intentionalité que l'homme place dans la société peut se réaliser, et même s'y réalise nécessairement, vient charger le monde d'un sens, et on revendique l'être intentionnel comme *un compartiment supplémentaire* de l'être réel. Bien sûr, une telle revendication crée inévitablement le soupçon symétrique que ce n'est pas le cas, et que, à défaut que l'être intentionnel puisse devenir vraiment réel, l'être social n'est donc *qu'*intentionnel – qu'un effet d'intentionalité, en quelque sorte.

Or ce genre de point de vue, on l'a vu, suppose une erreur d'appréciation quant à la nature de l'être intentionnel. Celui-ci n'est pas quelque chose qui vienne s'ajouter au réel : il n'est lui-même qu'adossé à une certaine forme de réalité. Cette réalité, en l'occurrence (là où il s'agit de « social »), c'est celle de l'*institution*, qu'il faut accepter au départ comme un aspect de la réalité de notre monde humain, à égalité avec ce que nous appelons « nature » et non moins originaire qu'elle. L'institution n'est pas une « seconde nature » : elle est autre chose que la nature, mais elle fait tout autant partie de la réalité, de ce qu'on appellera la « réalité humaine ». C'est précisément elle qui constitue la condition fondamentale du caractère « intentionnel » de la réalité sociale.

On tirera du droit canonique un exemple parlant de ce que signifie *réellement* le caractère « intentionnel » de l'univers social. Le baptême est un rituel typique qui, comme tel, suppose certaines conditions institutionnelles réunies, dont certaines ayant trait à l'identité de celui qui baptise, qui, normalement, doit être un prêtre. Cependant, dit le *Catéchisme de l'Église catholique* (art. 1256), « en cas de nécessité [c'est-à-dire de péril de mort non baptisé, pour un jeune enfant], toute personne, même non baptisée, ayant l'intention requise, peut baptiser ». La dimension intentionnelle joue donc un rôle fondamental dans cet acte comme dans tant d'autres de la vie sociale. Mais qu'est-ce que « l'intention requise » ? – « L'intention requise, c'est de vouloir faire ce que fait l'Église en baptisant ». L'institution (dont il est important qu'elle revête ici la figure de ce qu'elle *fait*) est donc première, et c'est elle qui fournit son socle à l'être intentionnel. On trouve là la réalité de la société.

Une fois prise en compte cette réalité et cette priorité de l'institution, un faux problème se dissout : celui de savoir *si l'être du social, en tant qu'intentionnel, est réel ou non.* L'intentionnel a, très certainement, une forme de réalité dans l'univers social : celle que l'institution autorise. D'un autre côté, cette intentionalité ne représente qu'un certain niveau de la réalité sociale. Ce n'est qu'en vertu de la réalité de la société qu'elle est possible – c'est-à-dire a un sens – et non l'inverse.

Cependant, à ce niveau pourrait surgir un second type de doute quant à la société.

On pourrait être tenté de résumer ainsi la phase précédente de notre argumentation, qui consiste à refuser que le caractère sans doute irréductiblement en partie « intentionnel » de l'être social soit tenu, pour cet être, pour un facteur d'irréalité : l'intentionalité « en elle-même » (non qualifiée comme sociale) ne « suffirait pas » à produire la société, c'est-à-dire, du point de vue théorique, à la cerner dans sa réalité. Or, on va le voir, il n'est pas sûr qu'un tel énoncé, si, en un sens, il ne peut pas être faux, soit entièrement pourvu de sens.

Si on prend l'énoncé au sérieux, tout se passe comme si le problème se déplaçait et, de celui du saut d'une réalité non intentionnelle (celui de la « pure nature », dont ce que Pascal appelle « la force », dans l'ordre social, pourrait constituer une image) à une réalité intentionnelle, devenait celui du passage *d'un niveau à un autre d'intentionalité* : comment l'intentionalité, en définitive, peut-elle *devenir* sociale ? Quelle rupture qualitative ou ontologique cela suppose-t-il en elle ?

Il semble que ce qui soit en jeu alors, ce serait un doute qui consisterait à *douter du social comme tel* – c'est-à-dire non plus comme esprit, mais comme *esprit social.*

Un premier type de réponse philosophique, de ce point de vue, paraît inadéquate : celle traditionnellement placée sous le nom de réfutation du « solipsisme ». En effet, une certaine philosophie se plaît à le souligner, il ne suffit apparemment pas de sortir de l'esprit solitaire (ou de la figure de l'esprit comme solitaire) pour avoir l'esprit social. Ce n'est pas parce que j'interagis avec quelqu'un d'autre que cette interaction est sociale – ou tout au moins, il faut alors penser les conditions logiques de la caractérisation de cette interaction comme une interaction sociale.

On l'a souvent remarqué, l'*intersubjectivité* ne suffit pas à constituer la *socialité*[1]. Ce n'est pas parce que je ne suis pas une conscience solitaire, mais qu'il y a un autre que, logiquement au moins, nous formons déjà une société.

Tout se passe alors comme si, une fois de plus, nous nous trouvions en situation de devoir *ajouter* quelque chose à la relation intersubjective primordiale – c'est-à-dire logiquement première – pour la qualifier comme relation sociale. Comme s'il y avait en premier lieu le face-à-face monadique et solitaire et la socialité ne pouvait être conçue que comme une sorte de supplément par rapport à cette première strate ontologique.

Il faut souligner que ce genre de perspective est partagée tant par les approches psychologistes ou réductionnistes, qui essaient de réduire la relation sociale à une dimension inter-subjective de l'expérience traitée sur un mode désocialisé, et évidemment rencontrent de ce point de vue un prévisible

---

1. *Cf.* les textes de Vincent Descombes, Bruno Karsenti et Jocelyn Benoist, dans Jocelyn Benoist et Bruno Karsenti (éds.), *Phénoménologie et sociologie*, Paris, PUF, 2001.

échec, que par les approches *anti-réductionnistes* qui insistent au contraire sur la transcendance de la socialité par rapport à une telle sphère. Car, une fois de plus, ce qui fait problème ici, ce n'est pas tant la réponse apportée à la question que *la forme même de la question* et la possibilité de la poser, qui est tout sauf assurée : le fait même de formuler ce genre de questions ne signifie-t-il pas qu'on a déjà perdu le sens du social ?

Classiquement, la position anti-réductionniste qui veut faire droit à la transcendance de la socialité par rapport à toute forme de simple intersubjectivité, passe par la mise en avant de la fonction, irréductible, du *tiers*. Une société dit-on, commence à trois. Tant que nous sommes pris dans le jeu spéculaire des regards qui de toi renvoient à moi, nous n'en sortons pour ainsi dire pas, et nous nous tenons en-deçà de l'espace ouvert d'une société. La donnée d'un tiers constitue un aspect fondamental de toute structure sociale.

Et sans doute, en effet, ne *forme*-t-on pas une société à deux – la détermination sociale des relations suppose toujours en un certain sens un « dehors », qui est précisément celui de la société : dehors par rapport au moi, mais aussi par rapport au lien qui prétendrait devenir exclusif et se détacher de toute forme de signification sociale.

Le problème de ce que, une fois de plus, nous ne pouvons pas ne pas identifier comme un argument transcendantal, c'est que, à y regarder de plus près, on ne voit pas très bien ce qu'il veut dire. Qu'est-ce en effet que cette asocialité primordiale de la « relation exclusive » dont l'événement métaphysique du tiers nous permet heureusement de sortir ? L'idée même de « relation exclusive » met en jeu un acte ou une stratégie d'exclusion, qui précisément, a un sens intrinsèquement social. C'est en société et en société seulement qu'on s'isole – c'est-à-dire que cela a un sens de s'isoler, que ce soit à un ou à deux, de partir *einsam oder zweisam*, suivant la belle formule de Nietzsche.

Il y a donc une fois de plus quelque chose de très étrange dans ce désir philosophique de « garantir le social », de s'assurer qu'on est vraiment dans le social et de le fonder métaphysiquement. Ce qui rend suspect la figure du tiers, c'est le fait que, constitutivement (c'est ce que porte son nom), il soit pensé comme *ce qu'il faut ajouter à deux*. Or rien, dans le concept de social, ne fait signe vers une telle addition, elle n'est pas *nécessaire*. Et comme tout ce qui n'est pas nécessaire, une telle représentation, en philosophie, ne peut être qu'égarante.

Pour le dire en d'autres termes, la problématique du tiers, qui est généralement présentée comme une ressource critique par rapport au point de vue des philosophies et psychologies de la conscience, dans leur incapacité de penser le social, en est le pur produit. Elle veut en constituer la limite externe mais une limite externe telle que, pour ainsi dire, elle ne serait pensable que de l'intérieur.

L'erreur, une fois de plus, c'est de vouloir constituer le social, alors qu'on raisonne dans des termes qui le supposent partout. Cette supposition n'a rien de surprenant et n'introduit aucune exigence – certainement aucun argument transcendantal selon lequel le social *devrait* être donné pour que nous puissions agir ou raisonner d'une façon ou d'une autre. Elle renvoie purement et simplement à une *réalité* : celle du monde, dans lequel nous vivons et pensons et en dehors duquel nos pensées perdent toute signification, qui est un monde social.

Tout se passe comme si, en proclamant sa transcendance par rapport au règne de l'intentionnel simple, subjectif ou intersubjectif, le philosophe voulait encore une fois se rassurer sur l'existence du social, lui trouver une adresse qui en garantisse la réalité. Le tiers, en un sens formule de la non-présentabilité du social (dans la relation intersubjective), devient alors, en un autre sens, suivant une réversibilité typique de ce genre de problématique transcendantale, la figure de ce qui constitue pourtant sa possible donnée : comme si, en dernier ressort, je pouvais trouver la société quelque part, de façon à requalifier mes relations intersubjectives, toujours potentiellement soupçonnées de ne pas être sociales, comme sociales.

On trouvera un apologue qui illustre ce genre d'inquiétude – et montre par là-même qu'elle n'est pas purement philosophique, mais enracinée dans un certain type de doute que la relation sociale même peut sécréter – dans le beau livre parodique de Camilleri situé dans la Sicile de la fin du XIX$^e$ siècle *La concessione del telefono*.

Le mafieux local, le Commendatore Longhitano, a recommandé Pippo auprès de son correspondant à Palerme, l'avocat Rusotto, afin qu'il l'aide à obtenir des autorités l'ouverture d'une ligne téléphonique. Pippo déclare avec candeur avoir donc contracté une dette vis-à-vis de Rusotto. Alors le commandeur le corrige :

> Vis-à-vis de Rusotto ? ! Vous n'avez aucune dette à l'égard d'Orazio Rusotto ! Ne mélangeons pas tout. C'est moi qui ai une dette à son égard, tandis que vous, c'est à mon égard que vous êtes débiteur. N'est-ce pas ? [1]

On pourrait croire que c'est ici Pippo qui est du côté du social, puisqu'au fond il n'a essayé de faire valoir rien d'autre qu'un principe de *transitivité* qui pourrait paraître essentiel à la relation sociale : Longhitano ayant demandé à Rusotto un service pour Pippo qui ne le connaissait pas, maintenant une

---

1. Andrea Camilleri, *La concessione del telefono*, Parlermo, Sellerio editore, 1998, p. 113-114.

relation a été indirectement établie entre Pippo et Rusotto. La relation ne se réduit plus au simple face-à-face, n'est plus d'un à un, mais gagne une effectivité à distance, traversant ainsi l'espace social. Il semblerait que Pippo défende ici – contre la logique mafieuse qu'on pourrait être tenté de décrire comme une pathologie sociale, mettant en péril l'être même de la société – les droits de la *médiation*, qui serait essentielle pour sortir de l'immédiateté de la relation non sociale – celle de la relation purement intersubjective – et ouvrir l'espace social comme tel. Cette position convient bien du reste à Pippo, qui est un personnage modernisateur.

Il y aurait cependant une erreur d'appréciation à faire porter à Pippo les droits de la société en soi contre une position qui serait anti-sociale, ou asociale. Une société n'en est pas moins une société pour être prémoderne, et quelle structure est plus sociale qu'une mafia? Disons en tout cas que c'est une forme de société comme une autre. En fait, l'erreur de Pippo, qui veut se rassurer sur la relation sociale, est de vouloir en chercher la garantie dans l'existence du tiers, avec lequel il souhaite le contact direct. Ce qu'il n'a pas vu (parce qu'il ne veut pas le voir?), c'est qu'en demandant un service à Longhitano, qu'il connaît et avec lequel il veut se représenter sa relation comme « privée », donc illusoirement désocialisée, il a déjà contracté une obligation : il était déjà dans le social, et cette relation de face-à-face avec son interlocuteur était déjà, de part en part, sociale. Elle n'a pas besoin de cette extériorité qui est celle du « tiers » pour l'être, et là où cette extériorité intervient (comme dans le cas du service délégué), elle ne supprime en rien le premier niveau de relation qui s'était établi, en tant que relation elle-même sociale.

On pourrait parler d'une certaine fiction de la *distance du social*, fiction philosophique qui a sans doute, il faudra y revenir, un fondement phénoménologique : elle consisterait à croire que les choses ne deviennent sociales que lorsqu'elles se tiennent à une certaine distance, une distance supérieure à celle de l'interaction immédiate.

Or, que la société soit un espace ouvert qui déborde de toute part la sphère étroite de l'interaction immédiate et nous mette potentiellement mais aussi réellement en relation avec toute sorte de gens qu'éventuellement nous ne connaissons même pas, est une chose. Qu'elle s'identifie à cet échappement – avec les formes d'angoisse qui pourraient lui être le cas échéant associées – en est une autre : en toute rigueur, la société est tout aussi présente dans l'immédiateté de la relation que dans sa médiateté. Il n'y a pas d'interaction avec mon prochain, être social comme moi, qui ne soit pas sociale. L'immédiateté d'un regard est aussi sociale que la lettre de l'administration dans son anonymat transcendant. Nous sommes immédiatement sociaux et donc en nous, même ce que nous pourrions être tentés de décrire en un certain sens comme « immédiat » l'est.

L'erreur serait de croire qu'en disant cela nous ayons avancé quoi que ce soit de substantiel. Comme s'il y avait là un résultat à établir. Souvent une certaine philosophie ou d'ailleurs sociologie présente comme un gain théorique le fait de démontrer que tel ou tel comportement, qui semblait spontané, relever du simple arbitre de l'individu et ne pas s'inscrire dans un répertoire préconstitué d'attitudes, en réalité « est social ». Ce qui est intéressant dans ce genre de proclamations, c'est ce qu'elles présupposent : l'entente limitée du social dont elles partent, et leur cécité au caractère *conceptuellement* social des faits auxquels elle prétendent s'appliquer. L'amour ou le suicide sont sociaux, prétend-on découvrir. Mais qu'est-ce que l'amour ou le suicide? Ces concepts ne renvoient-ils pas par eux-mêmes à des scénarios intrinsèquement sociaux – ne sont-ce pas là des «*choses qui se font*», selon un concept précédemment évoqué? Bien sûr, cette prise en compte du caractère social des termes mêmes du problème ne nous dispense pas de l'étude des formes concrètes prises par cette socialité et ne supprime rien de la tâche du sociologue. En revanche, c'est un certain type d'inquiétude philosophique *a priori* qu'elle désactive.

Il ne s'agit donc pas plus à ce niveau qu'au précédent d'insister sur le fait que la relation intersubjective (celle dont une certaine philosophie nous disait qu'elle ne «suffisait pas» pour obtenir le social) est «toujours déjà socialement chargée» – comme s'il y avait là un fait substantiel et elle avait à être «chargée» pour être sociale, depuis on ne sait trop quelle fiction d'être propre premier qui ne le serait pas. Il s'agit juste d'apprendre à voir la relation intersubjective pour ce qu'elle est, à savoir, comme *elle-même sociale*, en prenant conscience du caractère simplement social des concepts qu'on y applique et qui la définissent.

Il n'y a pas de distance du social – même s'il y a des effets de distance au sein du social, ce qui est une tout autre affaire – pas plus qu'il n'y a une distance du réel en général. En revanche, l'échec d'une certaine philosophie moderne à penser le social – échec qui a fait en même temps de celui-ci un objet philosophique, comme s'il y avait là lieu d'une théorie – est lié à la mise à distance opérée à son égard de façon répétée par cette philosophie. Celle-ci s'acharne à l'aborder de l'extérieur, depuis un point où, conceptuellement, il n'y aurait pas le social et où sa réalité serait à conquérir, là où il s'agit en fait d'*une dimension logique de notre conceptualité même*. La

réalité du social devient alors, à défaut d'avoir saisi son caractère logique, simultanément quelque chose à quoi on pourrait,
et on serait toujours inévitablement conduit à se heurter et
quelque chose dont il y aurait des raisons de douter.

En ce sens, la philosophie moderne se caractérise par
l'existence d'un « problème du social ». C'est en rompant les
fils de l'existence sociale qu'elle prétend la rendre visible,
y compris lorsque, en un second temps, elle feint de la redé-
couvrir au plus près de nous, comme s'il y avait là une surprise.
Mais c'est oublier que les concepts mêmes dont elle est partie,
formulant ses questions, sur la réalité du social et sur le partage
entre ce qui est social et ce qui ne l'est pas, renvoyaient à des
aspects de cette réalité sociale même. Il n'y a pas d'exil asocial
depuis lequel la question de « la société » puisse être posée et
la « possibilité d'une île », en son sens transcendantal, est une
fausse question. Tout au plus y a-t-il une prise de conscience
possible de notre être social, qui dissout certaines perplexités
conceptuelles. Si nous n'avons pas le social, personne, pas
même le tiers, ne nous le donnera. Mais nous l'avons, et c'est
depuis cette réalité première que nous tombons parfois dans
cet embarras étrange de nous demander si nous l'avons.

Il faut cependant alors se demander d'où il peut se faire
que nous tombions dans un tel embarras. Il serait trop simple
d'en faire une simple pathologie philosophique. Si de tels
doutes théoriques sont possibles, c'est, comme toujours, qu'ils
constituent l'habillage de doutes réels, rencontrés au cœur
même de l'être social et qui représentent une dimension
effective de ce que nous appelons vie sociale.

Il est vrai, en effet, nous y avons fait allusion pour
commencer, qu'il nous arrive de douter du social. Mais il ne
s'agit pas alors de doutes *théoriques* portant, de l'extérieur, sur

la réalité du social. Il s'agit plutôt de ce sentiment d'irréalité qui résulte de notre propre absence d'adhésion à la tournure prise par l'être social, au point où nous y sommes. Ce qui est en jeu, alors c'est *notre propre irréalité*, en tant que « nous ne sommes pas dans le coup ».

Pour le comprendre, revenons sur l'exemple des démêlés de Pippo avec le commandeur Longhitano. Dans une telle situation ce n'est assurément pas la relation sociale qui manque, mais c'est un des protagonistes qui y manque ou qui plutôt *s'y* manque – il y est, mais il n'a pas compris où il est.

C'est certainement dans ce manquement de soi comme se trouvant dans une certaine relation sociale – ce qui arrive partout où notre habitus social est un peu froissé, comme celui de Pippo le modernisateur projeté en contexte mafieux – que trouvent leur origine l'ensemble de nos doutes sur la « réalité sociale ». Ceux-ci n'ont pas tant trait à elle – comme si celle-ci, pour nous était une question ontologique – qu'à notre capacité à y être, c'est-à-dire à y être de façon correcte, conformément aux règles qui, en l'occurrence, se jouent.

De ce point de vue, on aurait tort de faire taire trop vite l'inquiétude légitime que le subjectivisme social défendu par l'ensemble de la philosophie moderne a exprimée à sa façon. Bien sûr, la société n'a pas attendu notre subjectivité pour exister, elle n'en est nullement dépendante logiquement. C'est l'inverse et si la question de quelque chose comme une subjectivité peut se poser, c'est précisément *au sein de notre être social*, comme une dimension de notre socialité. C'est dans l'interaction que nous nous définissons à différents niveaux comme sujets, le retrait ne représentant de ce point de vue qu'encore une modalité de l'interaction. Que l'on réfléchisse encore à ce que veut dire « s'isoler ». Cependant, il est essentiel que cette subjectivité qui se définit dans l'interaction sociale puisse s'y perdre aussi.

La réalité sociale, comme la réalité en général, ne peut pas manquer – c'est le genre de concept auquel on ne voit pas selon quel sens la notion de « manque » pourrait s'appliquer – mais *nous* pouvons très bien y manquer – c'est-à-dire ne pas être en mesure de nous reconnaître comme y étant. Et sans doute est-ce ce qui donne quelque motif, à la limite du non-sens, de l'appeler une « réalité ».

# POST-SCRIPTUM SUR LA POLITIQUE

Au fil des discussions, notamment avec Bruno Karsenti, suivant un dialogue entamé il y a bien longtemps déjà, et dont les années n'ont fait qu'intensifier pour moi l'urgence, mais aussi par exemple avec le public auquel j'ai eu la chance d'exposer certains de ces résultats dans le cadre d'une chaire de recherche aux Facultés Saint-Louis (Bruxelles), une question s'est imposée, bien sûr : celle de ce qu'on appelle « politique ».

Et en effet, là où notre réalisme nous a conduits, en dernier ressort, à parvenir à cette pauvre évidence – dont j'insiste pour rappeler immédiatement qu'elle n'est rien d'autre que grammaticale, et non substantielle – qu'*une société ne se choisit pas elle-même*, ne s'agit-il pas d'un ralliement larvé à une forme de conservatisme métaphysique, ou, *horresco referens*, de la n-ième critique implicite de la démocratie moderne ?

Il n'est pas sans intérêt de relever que ce type d'interrogation n'est pas sans rapport avec celle qu'a pu susciter, chez certains lecteurs, le livre de Vincent Descombes *Le Complément de sujet. Enquête sur le fait d'agir de soi-même*[1], qui a pu être lu à

---

1. Paris, Gallimard, 2004.

l'occasion comme une forme de critique de l'autonomie. Le regretté Yan Thomas, notamment, avait pu lancer ce débat.

Il y a, certainement, une lecture conservatrice, voire réactionnaire, de Wittgenstein[1], qui cherche à déchiffrer dans les règles de la grammaire la fixité des institutions. Cette lecture va de pair avec une interprétation de la grammaire qui lui confère un fondement métaphysique. Celle-ci me paraît très profondément erronée. Lorsque Wittgenstein écrit, au § 371 des *Recherches Philosophiques* :

> L'essence est exprimée dans la grammaire,

il ne s'agit pas pour lui de réhabiliter la notion d'essence au sens traditionnel, comme ce qui précéderait le langage, mais d'en désamorcer la charge métaphysique en la référant précisément au niveau où seulement elle a un sens, qui est celui de l'expression – de *ce que l'on dit, en telle ou telle situation.*

Cependant, voici que revient la question que nous avons si soigneusement évitée, qui est celle du « on ». Qui est et que peut ce « on » ?

Là, certainement, la question de la politique se pose. Il n'y a pas de raison de la faire taire et quand bien même nous le voudrions – mais de quel « nous » s'agirait-il alors, au-delà du « nous » de majesté ? – que nous ne le pourrions pas.

Que veut-on dire quand on dit qu'une société ne se choisit pas elle-même ? Serait-ce donc qu'il n'y aurait pas de sens à vouloir agir sur cette réalité sociale qui est la nôtre, et qui est un des noms les plus importants, sinon exclusif, de notre réalité ?

---

1. Voir la mise au point de Sandra Laugier, «Communauté, tradition, réaction », *Critique*, mars 1998.

Sous prétexte qu'il s'agit d'une réalité, faudrait-il l'accepter telle qu'elle est?

Non certainement, la réalité est aussi bien ce qui se change – il n'y a même que cela qui se change, en toute rigueur – et appeler la société «réalité», c'est précisément la reconnaître pour ce qu'elle est: un point d'application possible de notre action, à nous qui y sommes. Cependant précisément un tel changement ne peut s'accomplir qu'au sein de cette réalité même. La réalité de la société précède et enveloppe la possibilité de son changement, fût-il représenté sous l'espèce de la radicalité – du bouleversement intégral de l'ordre existant, chose sans doute fort nécessaire.

L'exigence de transformation sociale ne constitue donc pas réellement une objection à notre point grammatical. Elle le suppose. C'est que le problème politique en général (celui de savoir «que faire?»), se place sous si ce n'est le «primat ontologique» (nous avons appris à nous méfier de ces termes), en tout cas le *primat logique de la société*, en tant que structure même de ce qu'on appelle «réalité».

Et pourtant, c'est là, certainement, que surgit la vraie difficulté. En effet, cette priorité logique, dont nous parlons, suppose une chose, à savoir que l'organisation sociale et la prise en charge politique de cette organisation, devenue un problème, soient des choses distinctes.

Ce point ne sera déjà pas admis par tout le monde. Pourtant, je ne suis pas prêt à y renoncer: je pense que l'équation suivant laquelle l'ordre social s'identifierait immédiatement à l'ordre politique au sens *constituant* du terme est très largement un mythe lié à une représentation moderne, très particulière, du politique comme «origine» du social. Selon le point de vue, grammatical, que j'ai développé, le social n'a pas besoin d'une telle «origine». Et, dans sa priorité qui est celle de *ce qui est de toute façon là* (ce que les Grecs recouvraient, mais en un tout autre sens du mot « politique », sous la formule selon laquelle l'homme est un « animal politique »), il peut présenter et présente certainement des formes bien différentes de ce que nous, modernes, nous mettons sous le titre d'« ordre politique ». Et, dans la réalité sociale actuelle, bien sûr, tout n'est pas « politique » non plus en ce sens-là. Il n'y a, de ce point de vue, *aucune* raison de réduire le social au politique – ce qui ne veut pas dire occulter la réalité du politique dans son genre propre, comme dimension inaliénable d'au moins cette forme d'organisation sociale qui est le nôtre.

Au-delà de cette relativisation, cependant, se pose une question difficile, qui est de savoir si, au-delà de la forme moderne de la politique, bien circonscrite, il n'y a pas de la « politique » en un sens qu'on ne qualifiera pas tant d'élargi que de différent, dans tout ordre social. À ce niveau, il paraît très difficile d'éviter une réponse positive. Précisément parce que partout où cela a un sens de parler d'ordre social, il s'agit d'un « ordre », et de *ce genre d'ordre qui renvoie forcément à l'exercice d'un pouvoir*. Cette réalité du social dont nous avons parlé paraît indissociable de l'existence d'un tel pouvoir. L'erreur serait de croire qu'elle en soit l'*effet*. Mais elle est pour ainsi dire structurée de l'intérieur par un tel pouvoir : sans référence à lui, elle serait largement inintelligible.

Telle est l'intuition lévi-straussienne que nous ne voudrions pas perdre : celle de ce qu'on pourrait appeler la radicalité de la politique, enracinée au cœur même de cette réalité que nous avons appelée « sociale ». En d'autres termes : si, en un certain sens, l'ordre social ne se confond certainement pas avec ce qu'on appelle d'habitude « ordre politique », en un autre, il n'y a pas d'ordre social qui ne soit pas, dans son genre, « politique », au sens où il est traversé de part en part par cette question qui définit la politique : celle du pouvoir et de sa gestion (qu'en faire ? que faire par rapport à lui ?).

Ce caractère adversatif de la réalité sociale s'exprime directement dans l'ordre et le désordre de nos concepts, jusqu'à ces « contradictions » dans lesquelles la pensée se heurte aux limites de ce qu'il nous est donné *pouvoir* de penser[1].

Certainement, il constitue une des contraintes les plus fortes qui soient sur le sens que, à chaque fois, nous donnons au mot « réalité » et notre capacité, non moins grande, à nous dissimuler celle-ci.

---

1. On se situe là au bord de ce que, dans *Concepts*, *op. cit.*, en dernier ressort, j'ai appelé « analyse ».

# TABLE DES MATIÈRES

*La conscience du temps. Autour des* Leçons sur le temps *de Husserl*, « Problèmes & Controverses », 224 pages, 2008.

*Langage ordinaire et métaphysique. Strawson*, en collaboration avec S. Laugier, « Bibliothèque d'Histoire de la Philosophie – Poche », 256 pages, 2005.

*Propositions et états de chose. Entre être et sens*, « Problèmes & Controverses », 256 pages, 2006.

*Une histoire de l'avenir. Messianité et révolution*, en collaboration avec F. Merlini, « Problèmes & Controverses », 256 pages, 2004.

ACHEVÉ D'IMPRIMER
EN MAI 2011
PAR L'IMPRIMERIE
DE LA MANUTENTION
A MAYENNE
FRANCE
N° 675559A

Dépôt légal : 2ᵉ trimestre 2011